IMBERT DE SAINT AMAND

Le Règne
de Napoléon III

1861

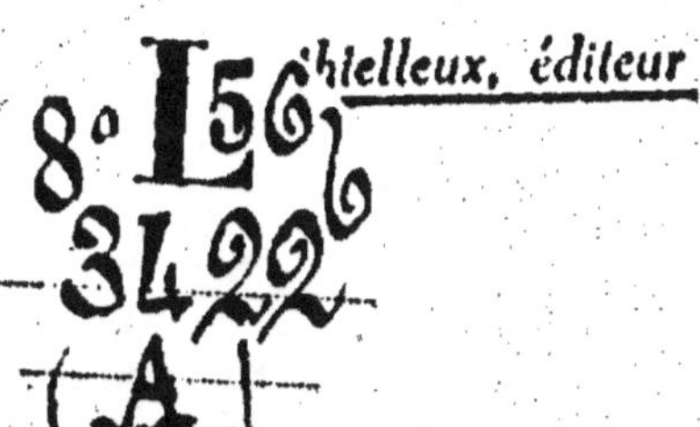
chielleux, éditeur

Œuvres de IMBERT DE SAINT AMAND

NOUVELLES ÉDITIONS EN VENTE :

Les beaux jours de Marie-Antoinette.

Marie-Antoinette aux Tuileries.

Marie-Antoinette et l'agonie de la royauté.

La dernière année de Marie-Antoinette.

La jeunesse de l'Impératrice Joséphine.

La citoyenne Bonaparte.

La femme du Premier Consul.

La Cour de l'Impératrice Joséphine.

La dernière année de l'Impératrice Joséphine.

Louis-Napoléon et Mademoiselle de Montijo.

Le règne de Napoléon III.

IMP. VERDAVOINE. PARIS

LE RÈGNE DE NAPOLÉON III

1861

LE RÈGNE
DE NAPOLÉON III

1861

PAR

IMBERT DE SAINT-AMAND

PARIS

P. LETHIELLEUX, LIBRAIRE-ÉDITEUR

10, RUE CASSETTE, 10

—

LE RÈGNE
DE NAPOLÉON III
1861

I

LE COMMENCEMENT DE L'ANNÉE

L'année 1861 s'ouvrit au milieu de préoccupations dont les affaires d'Italie étaient le principal objet. Une semaine auparavant, Pie IX, écrivant à Napoléon III, le jour de Noël, avait ainsi défini la période qui allait commencer : « Année pleine encore d'obscurités et de menaces, d'agitation civile et antireligieuse, en vue desquelles il ne reste autre chose à faire qu'à prier Dieu, afin qu'il intervienne de son bras puissant pour mettre un terme à cet horrible cataclysme social, en ramenant l'ordre détruit, et en rétablissant le sens du juste et du droit qui a misérablement fait naufrage ». A la réception du 1er janvier, l'Empereur, plus optimiste que le Pape, dit aux membres du corps diplomatique, en les remerciant de leurs vœux : « J'envisage l'avenir avec confiance, persuadé que l'entente amicale des puissances assurera le maintien de la paix, qui est le but de mes idées ».

Le lendemain, 2 janvier, le roi de Prusse Frédéric-Guillaume IV, malade depuis plusieurs années, mourait, en laissant la couronne à son frère, qui exerçait déjà le pouvoir par délégation, comme régent, depuis le 23 octobre 1857, et qui prit, en montant sur le trône, le nom de Guillaume 1er.

Napoléon III avait voué une sympathie particulière à l'homme qui devait lui être si fatal. Il s'empressa d'envoyer à Berlin le prince Joachim Murat, porteur d'une lettre des plus amicales pour le futur vainqueur de Sadowa et de Sedan.

Cependant les premières paroles du nouveau monarque ne laissaient pas d'être alarmantes. Après avoir rappelé dans sa proclamation à son peuple « la glorieuse série des souverains à qui la Prusse devait sa grandeur », il avait ajouté : « Je conserverai fidèlement le legs de mes aïeux. La destinée de la Prusse n'est pas de vivre dans la jouissance des biens acquis... Puissé-je, avec l'aide de Dieu, la conduire à de nouvelles gloires ! » Aux députés réunis dans la *Salle Blanche* du château royal, il avait dit : « La confiance dans le repos de l'Europe est ébranlée... Le roi Frédéric-Guillaume nous a quittés en des temps bien graves ». Aux généraux, il avait tenu le plus martial langage.

Dès ce moment, le ministre des Affaires étrangères de Napoléon III, M. Thouvenel, eut le vague pressentiment des dangers que le nouveau souverain ferait courir à la France. Le 20 janvier, il écrivait au duc de Gramont, alors ambassadeur à Rome : « L'allocution que le roi de Prusse a adressée à ses généraux est bien mauvaise. Je ne crois pas que la guerre soit dans ses intentions ; mais je commence à craindre qu'elle ne sorte des circonstances. En tout cas, nous aurons une triste et laborieuse année. »

Le peuple français ne voyait pas le péril où il était, c'est-à-dire à Berlin, et l'attention se portait presque exclusivement sur Turin et sur Rome. Les projets poursuivis par la France dans la Péninsule n'avaient point réussi. L'idée d'une confédération italienne se trouvait reléguée dans la région des chimères. Après avoir vu échouer ses conseils et ses remontrances, comme ses tentatives de conciliation, le cabinet des Tuileries s'était peu à peu résigné aux faits accomplis, en adoptant, avec le cabinet de Londres, le principe de non intervention. Les troupes françaises continuaient à occuper Rome, mais l'Empereur éprouvait moins le désir de les y laisser que l'embarras de les en retirer. Sa flotte était encore dans les eaux de Gaëte, dernier asile de la Cour de Naples, mais elle n'allait pas tarder à en sortir, laissant le roi François II à son malheureux·sort. M. Thouvenel écrivait au duc de Gramont, le 6 janvier : « J'ai passé ma journée à m'occuper de Gaëte. Il m'est extrêmement désagréable d'être mêlé à cette agonie. »

La longue et courageuse résistance du jeune souverain et de son héroïque compagne avait, en France, de nombreux admirateurs. Cette lettre adressée, le 15 janvier, par M. Doudan à M. Piscatory, résume bien ce qu'on entendait dire : « Tous les yeux sont tournés vers Gaëte, pour voir si le pavillon de l'amiral Barbier de Tinan flotte encore dans ces parages. Il est d'une infinie probabilité qu'il n'y flottera pas longtemps. Quoiqu'il soit certain que l'*Ariège* est parti de Toulon, il y a trois jours, pour porter des vivres à la flotte, cela ne signifie pas grand'chose, car on mange aussi en revenant de France. Il me semblait pourtant que ce maintien de nos vaisseaux à Gaëte

était la meilleure chance d'empêcher la guerre sur
la Vénétie au printemps, et le Gouvernement français
n'a point d'intérêt à la guerre générale ; il n'en a pas,
dit-on, non plus le désir; mais puisque le diable et
lord Palmerston veulent qu'on se batte, il faudra bien
que le continent s'allume un jour ou l'autre. Il reste
pourtant que les Napolitains paraissent avoir la fantaisie inattendue d'être des Espagnols. Les Piémontais ne sont pas beaucoup plus aimés dans les Calabres que les Français ne l'étaient en 1810 en Ara-
gon. Qui vous aurait dit que le peu de résistance qui
se fait au remaniement du monde viendrait de Naples? Avez-vous vu la jolie petite figure de la reine
de Naples en brigand des Calabres? Elle a la mine
d'un joli démon de la résistance. »

Au mois de décembre, l'Autriche, la Prusse et la Russie avaient fait parvenir à la Cour des Tuileries des
notes identiques pour exprimer toute la satisfaction
qu'éprouveraient les trois puissances si l'escadre française, contrairement à une appréhension du roi François II, continuait à stationner en rade de Gaète. Mais
l'Angleterre, par jalousie de la France plus que par
sympathie pour la cause piémontaise, insistait de la
manière la plus vive pour le retrait de cette escadre,
et le gouvernement français sacrifia au vœu du cabinet
de Londres celui des Cours de Vienne, de Berlin et
de Saint-Pétersbourg.

La France n'avait pas à se louer de l'Angleterre.
Napoléon III ne pouvait s'empêcher de constater chez
elle des tendances qui n'avaient rien de commun avec
l'alliance cordiale rêvée par lui et avec tous les sacrifices qu'il avait faits à cette alliance. Le chef du *Foreing
Office* lui témoignait une hostilité systématique. M.
Thouvenel avait écrit au général comte de Flahault,
ambassadeur de France à Londres (lettre particulière

du 13 décembre 1860): « Les soupçons se succèdent dans l'esprit de lord John Russel comme les mauvaises herbes poussent dans les champs. Si la confiance ne se rétablit pas à une certaine dose entre la France et l'Angleterre, nous nous tiendrons mutuellement en échec, et la perte sera à peu près égale des deux côtés ». Le 12 janvier 1861, le duc de Gramont écrivait à M. Thouvenel : « Je crois l'alliance anglaise non seulement frappée de stérilité, mais plus compromise que jamais. L'animosité a remplacé l'accord et lord John Russell qui, au fond, n'est pas partisan de l'unité de l'Italie, ne s'y montre favorable que pour nous susciter des embarras ».

Les Anglais ne pardonnaient à la France ni l'annexion de Nice et de la Savoie, ni le noble rôle qu'elle jouait en Syrie. Ils attendaient impatiemment qu'elle retirât son drapeau d'un pays où elle venait de renouveler les glorieuses traditions des croisades. La convention signée à Paris, le 5 septembre 1860, avait fixé à six mois la durée de l'occupation. L'on approchait de ce terme, et aucun résultat sérieux n'avait encore été obtenu. La commission internationale de Beyrouth, chargée de préparer les éléments de la réorganisation administrative du Liban, avait à peine commencé sa tâche, et l'œuvre d'humanité que le gouvernement français avait entreprise avec un si généreux désintéressement rencontrait dans des défiances injustes et dans des discussions stériles les obstacles les plus regrettables. M. Thouvenel écrivait au général de Flahault, le 9 janvier : « On pourrait s'arrêter à une combinaison mixte, c'est-à-dire rappeler la moitié de notre corps d'occupation et inviter l'Angleterre à fournir un contingent de quinze cents à deux mille hommes. Tout ce que je demande, c'est que des mesures soient prises pour conjurer de nouveaux massacres, ou, tout au moins, que nous nous arrangions de façon que la responsabilité d'une catastrophe sanglante ne nous soit point imputable. La Prusse, la Russie et l'Autriche elle-même, j'en suis convaincu, voudront décliner aussi cette responsabilité, et elle retombera entièrement à la charge de l'Angleterre, qui, malgré l'amitié dont elle fait profession pour la Turquie, lui rendra encore un mauvais service ».

Qu'importe à lord Russell que les massacres recommencent, pourvu que la France évacue la Syrie ! « Nous ne voulons pas, écrit-il à l'ambassadeur de la reine à Paris, lord Cowley, nous ne voulons pas créer en Orient un nouvel État pontifical et donner à la France un nouveau prétexte d'occupation indéfinie ». On lit en même temps dans la *Saturday Review.* « Ce n'est pas pour rien que *Partant pour la Syrie* est l'air national de la dynastie napoléonienne. La conquête de la Syrie et de l'Égypte est l'idée favorite de l'esprit napoléonien. L'intrigue de la Syrie est un reste du vieil esprit d'agression inhérent au despotisme militaire des Bonaparte ». Tant d'injustice révolte M. Thouvenel qui, dans une nouvelle lettre particulière au général de Flahault, s'exprime ainsi : « L'opinion est assez montée ici, et les articles du *Morning Post* (l'organe de lord Palmerston) ne contribuent pas à la calmer. Prétendre que l'occupation française en Syrie n'a été bonne à rien, et qu'elle est devenue le seul obstacle au rétablissement de la tranquillité et de la confiance, c'est par trop offenser la vérité et le bon sens ». C'est à grand'peine que le gouvernement français obtiendra la convocation de la Conférence et la signature d'une convention additionnelle stipulant que la durée de l'occupation sera prolongée jusqu'en juin.

L'année commençait donc au milieu de graves difficultés diplomatiques, et Napoléon III était obligé de reconnaître que, pour les résoudre, il n'avait pas à compter sur le concours de l'Angleterre. Aucune puissance, pas même l'Autriche, n'avait vu avec autant de déplaisir les derniers succès de la France. Les affaires extérieures préoccupaient d'autant plus le gouvernement qu'à l'intérieur les adversaires de l'Empire s'en servaient comme moyen d'opposition contre l'Empereur. La question romaine surtout passionnait les esprits. Des allusions sévères allaient y être faites sous la coupole de l'Institut dans une séance mémorable, celle où un nouveau membre de l'Académie française, le Père Lacordaire, devait être reçu par M. Guizot.

II

LE PÈRE LACORDAIRE A L'ACADÉMIE

Le Père Lacordaire a été élu membre de l'Académie française, le 2 février 1860, en remplacement de M. de Tocqueville, l'auteur de la *Démocratie en Amérique*. La séance de réception est fixée au 24 janvier 1861. Jamais solennité académique n'a excité une curiosité aussi vive. Dans le monde intellectuel elle est depuis quelques jours l'objet de tous les entretiens. La docte compagnie a compté dans son sein, depuis sa fondation, un grand nombre de membres du clergé séculier : abbés, évêques et cardinaux. Mais c'est pour la première fois qu'elle admet un membre du clergé régulier, un religieux, un moine. Quel est l'académicien qui va recevoir l'illustre dominicain ? C'est une gloire du protestantisme, un fervent calviniste, M. Guizot. Les affaires de Rome seront sans doute abordées par les deux orateurs. Leur éloquence ne s'arrêtera pas devant les questions brûlantes. La séance sera aussi intéressante au point de vue religieux qu'au point de vue littéraire. L'Impératrice, la princesse Clotilde, la princesse Mathilde, le prince Napoléon ont tenu à y assister. La souveraine est reçue à son arrivée par le ministre d'Etat. Le bureau de l'Académie, composé de

MM. Guizot, directeur, Villemain, secrétaire perpétuel, et de Laprade, chancelier, s'est porté à la rencontre de Sa Majesté et l'accompagne jusqu'à la tribune qui lui est réservée.

Voici les membres de l'Institut qui pénètrent sous la coupole, M. Guizot porte l'habit à palmes vertes, avec le grand cordon de la Légion d'honneur, Le Père Lacordaire n'a pas quitté son vêtement habituel : la robe blanche du dominicain.

L'orateur sacré n'est pas moins admirable sous la coupole que dans la chaire chrétienne.

Il fait, dans son discours, un éloge magnifique de son prédécesseur : « M. de Tocqueville, dit-il, ne comprenait pas qu'il y eût rien de solide sans un fondement religieux, et, en voyant la liberté séparer son nom d'un nom plus haut encore que le sien, il craignait qu'un jour elle ne fût durement avertie d'avoir trop compté sur elle-même ».

M. de Tocqueville était ministre des Affaires étrangères en 1849, lors de l'expédition de Rome. C'est pour l'orateur l'occasion de déclarer que « la liberté de l'enseignement et la restauration du souverain pontife sur son trône terrestre furent les œuvres de la seconde République ». « Le rénovateur de la liberté de l'Italie, dit-il, le prince qui, dès son avènement au trône, avait promis volontairement à son peuple des institutions généreuses et mérité de l'Europe entière un applaudissement qui retentira jusqu'à la dernière postérité, le Pape Pie IX avait été chassé de la capitale du christianisme, après avoir vu son ministre égorgé sur les marches de la première assemblée législative que Rome eût eue depuis le Sénat romain. Une ingratitude sacrilège avait récompensé les dons du père commun des âmes, et, trahi, fugitif, il avait tourné vers Dieu ces regards du malheur et du droit qui n'émeuvent pas

toujours les hommes, mais qui ne laissent jamais in-
sensible que pour un moment, très court, celui qui, en
créant le monde, lui a promis une première justice
dans le temps et une seconde dans l'éternité. Cette fois,
comme bien d'autres, la justice du temps fut remise à
l'épée de la France ».

Dans son discours, le Père Lacordaire reste également fidèle à la cause de l'Eglise et à celle de la liberté.
« Le 2 décembre 1851, dit-il, M. de Tocqueville rentrait
chez lui, dans son village, au terme d'une carrière politique qui avait duré douze ans... Les blessures faites
à la liberté, quoiqu'il les eût prévues, l'avaient pénétré comme un glaive, et il portait au dedans de lui,
sous une cicatrice saignante, le deuil profond de tout
ce qu'il avait vu s'accomplir... Il conçut ce livre, le
dernier qu'il ait écrit, où comparant ensemble *la Révolution et l'ancien Régime*, il entendait démontrer à
ses contemporains que tous vivaient sans le savoir
sous ce même régime qu'il croyait avoir détruit, et
que c'était là la principale source de leurs éternelles
déceptions.

Après avoir fait un éloquent panégyrique de la démocratie américaine et tracé, à grands traits, un lumineux tableau de la littérature française, l'orateur termine ainsi son discours : « M. de Tocqueville était au
milieu de vous le symbole de la liberté magnifique-
ment comprise par un grand esprit ; j'y serai, j'ose le
dire, le symbole de la liberté acceptée et fortifiée par
la religion. Je ne pouvais recevoir sur la terre une
plus haute récompense que de succéder à un tel homme
pour l'avancement d'une telle cause ».

C'est maintenant à M. Guizot de prendre la parole.
Comment va-t-il appeler le récipiendaire ? Lui dira-t-il
mon père ; lui dira-t-il *Monsieur* ? On a dit *Monsieur*
tout court au duc de Noailles ; on a dit *Monsieur* et

non pas *Monseigneur* à l'évêque d'Orléans. C'est le signe de l'égalité parfaite et de la confraternité académique au moins pour ce premier jour de réception.
M. Guizot dira : *Monsieur.*

Voici le piquant début du discours de ce grand
maître : « Que serait-il arrivé, Monsieur, si nous nous
étions rencontrés, vous et moi, il y a six cents ans, et
si nous avions été, l'un et l'autre, appelés à influer sur
nos mutuelles destinées ? Je n'ai nul goût à réveiller
des souvenirs de discorde et de violence ; mais je ne
répondrais pas au sentiment du généreux public qui
nous écoute, et du grand public extérieur qui s'est
vivement préoccupé de votre élection, si je n'étais
pas, comme lui, ému et fier du beau contraste entre
ce qui se passe aujourd'hui dans cette enceinte et ce
qui se fût passé jadis en de semblables circonstances ».

Vient ensuite l'éloge du récipiendaire, « prédicateur
éloquent, brillant écrivain, moraliste à la fois sévère
et tendre, sympathique et pur », et celui de M. de Tocqueville, ce grand champion de la liberté.

Supérieurement prononcé, le discours tout entier
produit un grand effet ; mais le passage le plus remarqué est celui qui a trait à la question du jour, la
question italienne. L'ancien ministre de Louis-Philippe se déclare franchement hostile à la politique
piémontaise. Il ne se contente pas de louer Pie IX,
« ce Pape généreux et doux qui s'est empressé d'ouvrir à ses sujets la carrière des grandes espérances,
et qui les y eût heureusement contraints si la bonté
des intentions suffisait à gouverner les hommes ». Il
blâme tout ce qui vient de s'accomplir en Italie.
« Serait-ce, dit-il, que les violences seraient devenues
légitimes, parce qu'aujourd'hui c'est au nom de la
démocratie, et en vertu de ce qu'on appelle sa

volonté, qu'on les exerce. La démocratie a, de nos jours, une passion pleine d'iniquité et de péril ; elle se croit la société elle-même, la société tout entière ; elle y veut dominer seule, et elle ne respecte, je pourrais dire, elle ne reconnaît nuls autres droits que les siens. Quand la démocratie se croit maîtresse de changer à son gré les formes du Gouvernement, les dynasties, les relations et les limites des États, ce n'est pas le progrès, c'est l'anarchie ou la tyrannie, et peut-être aussi l'ambition étrangère, qui profitent de tels désordres. Et le mal n'est jamais si grave que lorsqu'il porte le trouble dans les consciences, en même temps que la fermentation dans les passions et les intérêts ».

M. Guizot ajoute ces paroles qui font sensation : « Je m'arrête comme vous, Monsieur. Précisément parce que ma situation et ma croyance me laissent plus désintéressé que vous dans ce grand débat, j'ai à cœur d'y laisser clairement paraître ma pensée ; mais je connais et respecte les limites dans lesquelles mes paroles doivent se contenir ».

Le langage du célèbre doctrinaire, avec sa forme magistrale et sa gravité calme, avait une portée supérieure aux plus violentes diatribes. Le but des partisans de la cause pontificale était atteint. Le plus éloquent des prédicateurs catholiques et le plus fameux adepte du protestantisme venait de s'accorder pour défendre sous la coupole de l'Institut, les droits de Pie IX. Le public, qui s'intéressait à l'éloquence académique, allait bientôt se passionner pour l'éloquence parlementaire, et la séance du 24 janvier, à l'Académie française, était comme le prélude des prochaines discussions du Corps législatif et du Sénat.

III

Au moment où eut lieu la séance de réception du Père Lacordaire, la saison mondaine commençait brillamment. Son prélude fut un sport auquel les Parisiens n'ont que rarement l'occasion de s'adonner : le patinage. Une série de quelques jours d'un froid exceptionnel, au milieu de janvier, mit cette exercice à la mode ; il fit fureur ; les gens du monde le préféraient à tous les autres plaisirs. La société russe, très nombreuse à Paris, donna l'exemple. On se serait cru sur les bords de la Néva.

L'Empereur, qui patinait supérieurement, se distingua par son adresse. L'Impératrice n'avait jamais chaussé les patins, elle prit deux jours de leçon, ce qui lui suffit pour patiner comme une Hollandaise ou une Russe. Les lacs du bois de Boulogne furent envahis par une foule aristocratique, heureuse de donner le ton. Peu de Parisiens seraient capables d'écrire avec la pointe de leurs patins le nom de leurs bien-aimées sur le cristal des étangs, comme cela se pratique communément dans les pays du Nord. Plusieurs cependant firent des prouesses d'habileté. Quelques femmes se

distinguèrent par la grâce de leurs *glissés*, par la har-
diesse et le brio de leurs *voltes*. Les costumes, hongrois
ou polonais, fourrés de martre-zibeline, de petit-gris
ou de renard bleu, leur allaient à merveille. Parmi les
plus intrépides on remarquait la comtesse de Morny,
la comtesse Walewska, la princesse d'Hénin, la comtesse d'Imécourt, la princesse Poniatowska, la marquise de Galliffet, la comtesse de Labédoyère, la marquise de Las Marismas.

Toutes les classes de la société patinèrent. On citait
un grand quincaillier de la rue Saint-Denis qui, depuis
dix ans, avait en magasin six mille paires de patins
dont il n'avait pu se défaire ; en deux jours il les ven-
dit toutes, et il en fit venir de Hollande douze mille
autres, qui furent enlevées en quelques heures.

Le vendredi 18 janvier, l'Empereur et l'Impératrice
organisèrent sur le lac de Longchamps une fête de
nuit merveilleuse. Les peupliers bordant le lac étaient
chargés de lanternes vénitiennes multicolores. Des
traîneaux illuminés couraient sur la glace. Patineurs
et patineuses glissaient, tenant à la main des torches
allumées. De quart d'heure en quart d'heure, des feux
de Bengale répandaient sur le paysage des clartés fan-
tastiques.

Le lendemain, samedi 19 janvier, la princesse Mathilde donna, dans son hôtel de la rue de Courcelles,
un bal d'enfants en l'honneur du Prince Impérial. Il
commença à quatre heures de l'après-midi. Le plus
jeune des invités n'avait pas quatre ans, le plus âgé
n'en avait pas dix. Le Prince Impérial, délicieux dans
son costume de marquis Louis XV, dansait avec
Mlle Walewska, née, comme lui, en 1856, lors de la
signature du traité de Paris, et portant le costume
d'Emma Livry, dans le *Papillon*. Tout ce petit monde,
avec les déguisements les plus jolis et les plus pitto-

resques, criait, riait, se trémoussait, valsait, polkait, sans souci de la mesure. Les danseurs embrassaient leurs danseuses qui ne s'en formalisaient aucunement. L'orchestre, fort nombreux, ne se composait que d'enfants, tous bons musiciens. Le chef d'orchestre avait à peine douze ans. Un petit joueur de flûte, le plus jeune de la bande — il n'avait que six ans — attira l'attention du Prince Impérial, qui voulait absolument le remplacer parmi les musiciens, pour lui permettre de danser un quadrille. L'Empereur fit une apparition dans le bal des enfants. Le bal se termina à sept heures du soir par le quadrille final de l'*Orphée aux Enfers*, d'Offenbach. Puis danseurs et danseuses se mirent à table et dinèrent avec un excellent appétit. Après le diner, on s'aperçut que le petit Prince avait tout doucement ôté ses souliers à talons rouges. Comme les dames attachées à sa personne lui représentaient qu'il ne devait pas rester déchaussé, il répondit d'un ton moitié suppliant, moitié chagrin : — Mais, puisque maman m'a permis de faire tout ce que je voudrais ! — « Prince, écrivit un chroniqueur, ôtez vos souliers tant qu'il vous plaira, et puissiez-vous n'avoir jamais de caprice qui coûte plus cher à vos sujets » ! Jamais une fête enfantine n'avait été mieux réussie. En se retirant, l'enfant impérial remercia avec effusion la princesse Mathilde de lui avoir donné un bal si amusant.

Le 23 janvier, il y eut aux Tuileries un grand bal où la beauté de l'Impératrice fit sensation. La souveraine portait une robe blanche et une couronne de fleurs.

La société officielle, le faubourg Saint-Germain, le monde de la finance, rivalisaient d'animation et d'entrain. Les fêtes se succédaient sans interruption.

Le 2 février, chez la marquise de Lavalette, femme

de l'ambassadeur de France à Constantinople, une troupe d'amateurs joua : *Embrassons-nous, Folleville,* et un proverbe inédit dont l'auteur était le comte Welles de Lavalette, fils du premier mari de la marquise, et adopté par l'ambassadeur. Acteurs : M. de Wailly, M. Édouard André, le comte Welles de Lavalette, le marquis de Galliffet. Actrices : Mme Dalloz et Mme Poisson. Dans l'assistance, la princesse Mathilde, la princesse Murat, la comtesse de Morny, etc.

Le vendredi 8 février, le duc de Bassano, grand chambellan de l'Empereur, et la duchesse de Bassano donnèrent un bal costumé. Le quadrille russe eut beaucoup de succès. Dans des traîneaux poussés par le prince Ghika, le comte d'Espeuilles, le baron Lambert, on remarquait la comtesse Molitor, la comtesse Sérurier, Mlles Pulchérie et Alexandrine Ghika, Mlles Charlotte et Rosalie du Hallay-Coëtquen. Le comte Raynald de Choiseul avait revêtu un riche domino avec un aigle d'or et une couronne brodée sur le camail. Le prince Georges Bibesco était en Hamlet, le comte Robert de Tascher de la Pagerie en matelot. J'avais le costume de pêcheur napolitain porté par Mario dans le *Ballo in Maschera.*

Le 9 février, il y eut un autre bal costumé chez une riche Mexicaine, Mme Errazu, dont la fille, Mlle Manuela, était très admirée dans les salons de Paris. Cette charmante jeune personne qui, la veille, chez la duchesse de Bassano, était en déesse, portait avec grâce et crânerie un costume de vivandière, le bonnet de police sur la tête. Une jolie Américaine, Mlle King, symbolisait la grande république des Etats-Unis. Son casque était surmonté de l'aigle fédéral. Sa fine taille simulait la hampe du drapeau dont l'étoffe était formée par la jupe bleue et rouge, semée des étoiles blanches représentant les divers États de l'Union. Sur

la robe flottait une écharpe d'argent avec la devise :
E pluribus unum.

La dernière grande fête du carnaval fut le bal costumé donné le lundi gras 11 février par le comte Walewski, ministre d'État, et la comtesse Walewska, dans le nouvel hôtel du ministère, au Louvre, en face du Palais-Royal. Cet hôtel (qui est actuellement celui du ministère des Finances), était meublé et décoré avec une grande richesse. Dans un salon attenant à la salle de bal, on remarquait des tableaux célèbres : *La Jeanne d'Arc* de Bénouville, *La Vierge à l'hostie* d'Ingres, *La Sainte-Monique* d'Ary Scheffer.

Le bal du 11 février fut splendide. Le comte Walewski avait revêtu le domino vénitien. La comtesse Walewska eut un très grand succès de beauté. Elle était en frimas, en déesse de l'hiver. Sur sa robe de dentelle noire saupoudrée de givre d'argent, des mouchetures d'hermine représentaient les flocons de neige ; les glaçons étaient simulés par cinq rivières de diamants. Les admirateurs de la comtesse ne manquèrent pas de lui dire : « Voilà un hiver qui a plus de charme que le printemps ».

La princesse Lise Troubetzoï, femme d'un secrétaire de l'ambassade russe (celle dont le salon fut célèbre à Paris, pendant la présidence de M. Thiers), était en papillon ; la marquise de Galliffet en tulipe ; une Brésilienne très à la mode, Mme Pereira, en abeille ; Mlle Errazu en feu ; la princesse de Metternich en Espagnole ; la femme du général Fleury en châtelaine du moyen âge ; Mme Podestad en clair de lune ; la princesse Czartoryska en Hongroise ; la princesse Lobanoff et Mlle Pillé en bouquetières ; M. Alfonso en mandarin chinois ; M. Georges de Salverte en nécromancien ; le peintre Giraud en Peau-Rouge, consciencieusement tatoué, le fusil sur l'épaule. Vers minuit on dansa un quadrille de patineurs et de patineuses. Les plaisirs hyperboréens n'avaient jamais été plus à la mode.

L'impératrice n'assista ni au bal de la duchesse de Bassano, ni à celui de la comtesse Walewska. Toujours très affectée par la mort de sa sœur la duchesse d'Albe, la souveraine n'aurait point alors trouvé de charme à de pareils divertissements. C'est avec peine qu'elle remplissait les devoirs de l'étiquette. Lors de la réception du jour de l'an, elle avait fondu en larmes en entrant dans la salle où se trouvaient les hauts dignitaires du palais venus pour lui présenter leurs vœux et leurs hommages. Au commencement de février, ce qui occupait sa pensée, ce n'étaient point les fêtes éblouissantes de Paris, c'était le drame qui se dénouait à Gaëte dans des conditions aussi douloureuses que tragiques, et dont une autre souveraine était la victime innocente.

IV

L'escadre française, commandée par le vice-amiral Barbier de Tinan, était depuis quatre mois dans les eaux de Gaëte, dernier asile du roi et de la reine de Naples, dont la longue résistance étonnait l'Europe. Dès le mois d'octobre, l'amiral avait averti le roi que l'escadre ne pourrait pas rester indéfiniment devant la ville. Mais François II se flattait que c'était là une vaine menace, et que la France ne l'abandonnerait pas.

Le duc de Gramont avait écrit à M. Thouvenel, le 15 décembre : « Le comte de Trapani, qui est à Rome, parle de la résolution de prolonger la résistance, en s'appuyant sur la gravité des mouvements qui se font dans l'intérieur du royaume. Le fait est que la résistance s'y organise d'une manière assez sérieuse. Ainsi, par exemple, à Sora, on chasse les autorités nouvelles, on rétablit les armes de François II. Les Piémontais, avertis par les autorités chassées, envoient des colonnes assez fortes qui, après quelques fusillades, mettent les habitants en déroute et emmènent prisonniers, pour les juger et les fusiller, les soi-disant chefs du mouvement qui leur sont dénoncés. A peine les

Piémontais partis, les habitants reviennent ; ils prennent ceux qui ont appelé les Piémontais, et les mettent à mort. Mais ce qui est plus curieux, c'est que tout cela se passe dans des localités qui sont *censées* avoir voté à l'unanimité pour Victor-Emmanuel ».

Au début, on avait cru que Gaête ne pourrait tenir que quelques jours. En envoyant l'escadre française dans les eaux de Gaête, Napoléon III n'avait cédé qu'à l'attendrissement inspiré par une grande infortune. Il avait voulu empêcher le jeune roi de tomber entre les mains des Piémontais et lui assurer, au moment de son départ, un asile sur un vaisseau de la France. Mais ce qui à l'origine n'était qu'un témoignage de sympathie devenait un appui matériel. L'amiral de Tinan, aussi favorable à la cause du roi de Naples que le général de Goyon l'était à celle du Pape, avait fort étendu la zone neutralisée que couvrait son pavillon. Les navires piémontais étaient tenus à bonne distance, et les assiégés se ravitaillaient par la mer.

Le 25 décembre, lord John Russell avait envoyé à lord Cowley une dépêche où il disait : « On aurait compris à la rigueur que l'Empereur, par une intervention avouée, assurât au roi de Naples la possession de ses États ; on ne comprenait plus une assistance *in extremis* qui ne pouvait rien rétablir, ni rien sauver ».

L'Autriche, la Prusse et la Russie demandaient à Napoléon III de laisser son escadre dans les eaux de Gaête, mais elles-mêmes ne faisaient absolument rien pour secourir l'infortuné monarque. Désirant plaire à l'Angleterre et au Piémont, l'Empereur fit annoncer, dans le *Moniteur* du 17 janvier, que, fidèle au principe de non intervention qui avait dirigé toute sa politique depuis la paix de Villafranca, il allait retirer son escadre.

L'amiral de Tinan ne s'éloigna qu'avec un vif regret. Avant de partir, il supplia le roi de s'embarquer avec lui sur la *Bretagne*. François II crut pouvoir résister encore. Encouragé par ceux des membres du corps diplomatique qui étaient restés à Gaëte, — les représentants d'Autriche, de Bavière, de Saxe, d'Espagne et de Portugal, — il voulait encore espérer que l'Europe finirait par le secourir, et que les assiégeants seraient pris à revers par les populations du royaume, de plus en plus hostiles à la domination piémontaise.

Le 19 février, à quatre heures de l'après-midi, l'escadre française salua une dernière fois le pavillon des Deux-Siciles et disparut, laissant la place à l'amiral Persano, qui allait faire par mer contre Gaëte ce qu'il avait fait l'année précédente contre Ancône.

Le 26, le duc de Gramont écrivait à M. Thouvenel : « Le blocus de Gaëte soulève une question assez curieuse, j'allais dire une question de *droit*, mais je supprime ce mot qui malheureusement n'a plus aucun sens ni aucune valeur lorsqu'il s'agit de l'Italie. Je veux parler de l'isolement des ministres étrangers qui sont auprès du roi ; ne serait-il pas possible que les gouvernements insistassent pour que leurs dépêches puissent parvenir à leurs agents ? Dans le vieux droit, le séquestre d'un ministre plénipotentiaire était un *casus belli*, mais je suppose qu'on en rirait maintenant. »

Cependant la force d'âme de François II et l'héroïsme de sa vaillante compagne excitaient de nombreuses admirations. Napoléon III prononça, dans son discours du trône, le 9 février, une phrase qui impressionna vivement l'auditoire : « A Gaëte, dit-il, j'ai envoyé ma flotte au moment où elle semblait devoir être le dernier refuge du roi de Naples. Après l'avoir laissée quatre mois, je l'ai retirée, *quelque digne de sympathie que fût une infortune royale si noblement supportée* ».

Ces derniers mots soulevèrent un tonnerre d'applaudissements, ce qui fit dire à M. Thouvenel (lettre au général de Flahault) : « Ce n'est peut-être pas très politique, mais les sentiments généreux exercent en France un empire dont il n'y a pas à méconnaître la force ».

Personne ne s'intéressait plus au sort de la reine de Naples que l'impératrice Eugénie. Peut-être avait-elle déjà le pressentiment qu'un jour viendrait où elle aussi serait abandonnée, dépossédée, proscrite. Voulant exprimer à la malheureuse reine sa sympathie profonde, elle lui adressa une lettre qu'un des secrétaires de l'ambassade de Rome, le marquis de Piennes, fut chargé de porter à Gaëte, le 9 février. Dans un rapport à son chef, lui-même a raconté comment il s'acquitta de sa mission.

En entrant à Gaëte, M. de Piennes est frappé par l'aspect lugubre des rues. Les toits de toutes les maisons sont détruits. La plupart des façades du côté de la mer, et surtout de la terre, sont criblées de boulets. Le roi et la reine habitent une petite casemate dont les murs sont blanchis à la chaux et où Leurs Majestés semblent privées des objets de confortable même les plus usuels. Dans la pièce où il pénètre d'abord, le marquis de Piennes rencontre réunis quelques-uns des officiers restés fidèles au roi : le prince Rufano, le major Antonelli, le colonel Schümacher, la duchesse San Cesareo et deux ou trois autres personnes. Il est immédiatement introduit près du roi ; la reine entre un instant après, et il remet entre ses mains la lettre qui lui est destinée. Sa Majesté s'empresse de la décacheter et de la lire. Malgré le calme et la froideur qui caractérisent habituellement son visage, la reine est visiblement émue des témoignages d'intérêt que lui adresse l'Impératrice.

Le roi prend ensuite la parole à peu près dans ces termes : « Je n'ai malheureusement pas l'occasion de le faire comme je le voudrais, mais veuillez, je vous prie, dire au duc de Gramont d'exprimer à l'Empereur la profonde reconnaissance que je lui conserve ; lui seul a fait quelque chose pour moi. Sans la présence de la flotte qui m'a permis de m'approvisionner et de relever le moral de mes troupes, j'aurais dû capituler sans même avoir eu l'honneur de me défendre. M'apportez-vous quelques nouvelles qui me permettent d'espérer un appui ou un incident favorable quelconque » ?

M. de Piennes répond qu'il est dans l'impossibilité de fournir à Sa Majesté aucun renseignement à cet égard, et il se borne à lui donner, sur sa demande, les nouvelles reproduites par les journaux et le sommaire du discours de l'Empereur aux Chambres.

« La France, je le sais, reprend le roi, est toujours sympathique à ce qui est bien ; je suis fier de la façon dont l'Empereur m'a jugé. Lorsque je serai obligé de céder, je tomberai du moins avec l'approbation des braves gens ; je ne saurais me faire illusion ; je puis résister un mois, deux mois, six mois peut-être, mais qu'importe une défense plus ou moins longue, si l'on ne vient pas à mon secours, je dois toujours succomber. Les souverains qui m'abandonnent ne veulent pas voir que c'est la cause même de la révolution qu'ils laissent triompher, et que leur tour peut venir. Il ne s'agit pas de moi seul, j'ai appris à faire abstraction de ma personne ; je m'inquiète peu d'avoir quelques heures de plus ou de moins à vivre, mais je ne puis faire aussi facilement le sacrifice de l'héritage qui m'a été confié. Même en admettant que j'aie mal gouverné mes peuples, ce n'est pas une raison qui puisse autoriser l'envahissement de mes États par un souverain que je devrais encore aujourd'hui, d'après les lois humaines, considérer comme mon parent et mon allié, puisqu'il ne m'a pas déclaré la guerre ».

Le roi cause avec M. de Piennes pendant environ une heure et demie. Durant la conversation, une bombe éclate près de la casemate royale. « Vous le voyez, dit alors la reine, — dont le calme et le courage exercent une si grande influence sur l'esprit de la garnison, — nous ne sommes pas plus épargnés que les autres ; voilà la musique au son de laquelle nous vivons depuis trois mois ».

Au moment où le marquis de Piennes allait se retirer, le roi le chargea de transmettre à l'ambassade ir le message confidentiel suivant : « Dites au duc de Gramont que je lui demande instamment de me faire connaître la vérité de la situation. S'il existe encore pour moi une chance d'être secouru, je peux prolonger ma résistance pendant quatre, cinq ou six semaines ; s'il n'existe aucune chance de secours, absolument aucune, alors cette résistance, je le sens, devient désormais inutile, et peut-être mon devoir est-il d'y mettre un terme. Dites-lui que je fais appel à son honneur. Ce n'est plus le roi de Naples qui s'adresse à l'ambassadeur, c'est François de Bourbon qui demande à un gentilhomme français de lui parler sans détour, et qui place sa confiance dans la parole de celui qu'il consulte ».

Le souverain remet alors à M. de Piennes une série de cinq chiffres signifiant ces mots : *Il n'y a plus d'espoir*, et une autre série de six chiffres signifiant ces autres mots : *Il y a espoir d'être secouru*, et il exprime le désir que, suivant l'un ou l'autre cas, l'une ou l'autre de ces deux séries de chiffres lui soit transmise par le télégraphe aérien.

Après avoir quitté le roi, M. de Piennes traversa,

pendant la nuit, les rues éclairées seulement par la lueur des bombes. En chemin, il aperçut, devant une casemate, une centaine de soldats agenouillés, qui récitaient leur chapelet avec une pieuse résignation. « Ceci vous peint l'esprit des troupes, lui dit la personne qui le guidait. Les soldats sont encore fidèles, ils obéissent, mais il n'y a plus d'enthousiasme. Chaque jour l'espoir d'une heureuse issue diminue, et avec l'espoir, le courage diminue aussi ».

Le jeune diplomate, à son retour à Rome, fut félicité par son chef qui écrivit à M. Thouvenel : « Je dois ajouter au rapport de M. de Piennes ce qu'il ne dit pas : c'est que le feu n'a pas été suspendu pendant le trajet qu'il a accompli pour se rendre à Gaëte, et que les bombes et les boulets pleuvaient autour de lui. Vous connaissez cet excellent jeune homme, il est aussi brave que modeste ; et, dans des cas semblables, c'est aux chefs qu'il appartient de faire valoir ceux qui s'effacent ». Le marquis de Piennes reçut pour récompense la croix de la Légion d'honneur. Depuis, il a été chambellan de l'Impératrice Eugénie. Son fils a épousé la fille du maréchal de Mac-Mahon.

La lettre de l'Impératrice fut pour la reine de Naples la dernière lueur d'espoir. Quatre jours après la réception de cette lettre, tout était consommé. Comme le roi de France dont il portait le nom, François II pouvait dire que tout était perdu fors l'honneur. Les vivres et les munitions commençaient à manquer. L'explosion de la grosse poudrière et l'effondrement d'une grande casemate rendaient la situation plus critique encore. Le roi jugea qu'en conscience il ne lui était pas permis de faire tuer son monde pour prolonger de quelques jours une défense qui n'avait plus de résultat politique possible, et il n'attendit même pas le message télégraphique qu'il avait réclamé du duc de Gramont.

Le 13 février, François II signa la capitulation ; il fut convenu que le souverain s'embarquerait sur la *Mouette*, bâtiment français qui était resté devant Naples ; qu'il serait accompagné des généraux suisses Riedmatten et Schümacher, ainsi que du général Bosco ; que les vingt-cinq autres généraux resteraient prisonniers de guerre avec l'armée composée de onze mille hommes, jusqu'à la reddition de Civitella del Tronto et de la citadelle de Messine qui résistaient encore ; enfin que les étrangers seraient renvoyés dans leurs pays sous la condition de ne pas servir avant un an la cause vaincue.

Le lendemain, 14 février, la *Mouette* arrivait dans la rade de la ville, et recevait à bord le roi, sa famille, son état-major et sa cour. Sur les remparts qui dominent la mer, les drapeaux des Deux-Siciles s'inclinèrent une dernière fois en l'honneur du souverain proscrit. Le même jour, il abordait à Terracine, et de là gagnait Rome, où Pie IX qui, lui aussi, s'était réfugié à Gaëte, le reçut avec les plus grands égards et l'installa dans le palais du Quirinal. Une sorte de solidarité s'établissait ainsi entre la cause du Pape et celle de François II.

Les événements de Gaëte avaient causé un vif chagrin à l'Impératrice Eugénie, qui aurait voulu voir la France prendre parti pour le roi de Naples. La souveraine avait en même temps un motif de tristesse plus douloureux encore pour elle, c'était l'antagonisme qui s'accentuait chaque jour davantage entre son époux et le Saint-Père.

V

LE PAPE ET L'EMPEREUR

En commençant la guerre de 1859, Napoléon III s'était fait illusion d'assurer l'indépendance italienne sans ébranler le pouvoir temporel du Pape, et d'établir, au milieu de la Péninsule affranchie, le trône pontifical sur des bases assez fortes pour qu'il pût désormais se passer de toute assistance étrangère. Ce plan avait totalement échoué. La papauté et la révolution n'ayant admis aucun accord, le problème était devenu insoluble, et le Souverain Pontife avait perdu une grande partie de ses États sous les yeux mêmes de l'armée française, chargée de les défendre. Le souvenir des anciens services rendus au Saint-Siège s'effaça devant les récents griefs, et à l'effusion de la reconnaissance succédèrent les récriminations et les reproches.

Il y a quelque chose de douloureusement pathétique dans la correspondance échangée entre le Pape et l'empereur. On sent combien tous deux regrettent les dissentiments qui les éloignent l'un de l'autre, et combien il leur serait doux de pouvoir se réconcilier. Les remontrances de Pie IX ont un caractère paternel. C'est ainsi qu'il termine sa lettre du 25 décembre 1860 : « En renouvelant à Votre Majesté mes sentiments de dévouement, je prie Dieu de tout mon cœur pour qu'il lui indique la route à suivre spécialement dans les circonstances très difficiles où nous nous trouvons, en lui accordant cette docilité de cœur et d'esprit qui lui permettra non seulement d'écouter, mais encore de mettre en pratique tout ce que sa voix divine lui inspirera. Du Vatican, dans le jour solennel de la Nativité de Notre-Seigneur Jésus-Christ, auquel soit honneur et gloire dans tous les siècles des siècles. PIE IX ».

La réponse, en date du 8 janvier 1861, est un véritable plaidoyer : « A la paix de Villafranca, dit l'Empereur, j'ai souhaité que le Pape fût à là tête de la Confédération italienne, afin d'accroître sa puissance et son influence morale. Lorsque la révolution s'est développée contre mes désirs, j'ai proposé aux puissances catholiques de garantir au Saint-Père le reste de ses États. Quoique Rome fût devenue le centre de réunion de tous les ennemis de mon gouvernement, je n'avais pas moins maintenu mes troupes à Rome. La sûreté de Votre Sainteté a été plus menacée ; j'ai augmenté la force du corps d'occupation... On trouve néanmoins que je n'ai pas fait assez. Je le conçois mais je réponds : Malgré ma juste vénération pour le chef de l'Église, jamais mes troupes, à moins que l'honneur de la France ne soit engagé, ne deviendront un instrument d'oppression contre les peuples étrangers ; et puis après avoir fait la guerre avec le Piémont pour la délivrance de l'Italie, il m'était absolument impossible, le lendemain, de tourner mes armes contre lui, quelque blâme sévère qui pût d'ailleurs s'attacher à ses résolutions ».

La conclusion de l'Empereur est celle-ci : « Je fais des vœux pour que le malaise et l'incertitude où nous sommes aient bientôt un terme, et qu'ainsi je retrouve toute la confiance et toute l'amitié de Votre Sainteté ».

Pie IX réplique, le 14 février, par une lettre vraiment émouvante, où la tristesse domine l'indignation et où la colère est calmée par l'attendrissement : « Que depuis dix-huit mois, dit le Saint-Père, la défiance ait fait ouvertement des progrès, c'est un fait qui ne saurait être mis en doute. Et ici, qu'il me soit permis de parler à cœur ouvert. J'assure Votre Majesté que si jamais il est tombé de ma plume quelque expression qui pût sembler dure, je l'ai écrite avec un cœur calme et la plus grande paix intérieure. Je dis de plus : pénétré, comme je dois l'être, de gratitude pour les bienfaits que vous avez accordés antérieurement à l'Église, tout ce qui est survenu depuis lors ne m'inspire aucune amertume à votre égard ; et si j'avais l'occasion de vous voir, je vous embrasserais paternellement, regardant encore Votre Majesté comme un personnage extraordinaire dont Dieu pourrait se servir pour rendre au monde ébranlé l'ordre et la paix, et à la religion sa liberté et son indépendance. Il est permis d'espérer que ce désir pourra encore se réaliser ».

Le Pape signale avec douleur « l'usurpation consommée des biens ecclésiastiques, les décrets qui expulsent de leurs couvents les religieux et les religieuses, le refus d'admettre les nouveaux évêques nommés aux sièges vacants, le droits des gens violé et la justice foulée aux pieds. » Abordant le principal grief, l'envahissement des Marches et de l'Ombrie, le Saint-Père ajoute : « L'armée régulière piémontaise, forte par le nombre, et pourvue de tous les moyens d'attaque contre une petite armée dont l'organisation n'était pas encore terminée, effectua une invasion violente, et n'hésita pas, par le moyen d'aventuriers, de s'avancer presque jusque sous les murs de Rome. Par un plus grand malheur encore, il arriva ou que la bonne foi de Votre Majesté fut surprise en Savoie par deux Italiens, ou que ceux-ci abusèrent de son nom ; mais le fait est que l'armée piémontaise disait qu'elle s'avançait dans les Marches et l'Ombrie avec le consentement de Votre Majesté. Je ne puis cacher que tous ces faits ont causé à mon cœur une immense tristesse ».

Pie IX termine ainsi sa lettre : « Je prie le Seigneur, dans toute l'effusion de mon cœur, de vouloir bien conserver Votre Majesté dans sa sainte grâce et de lui accorder tous les secours dont elle peut avoir principalement besoin ».

Hélas ! malgré le chagrin que laissaient percer leurs lettres, le Pape et l'Empereur ne se doutaient pas que l'avenir leur réservait de communes épreuves, et que le renversement du trône impérial coïnciderait avec la suppression du pouvoir temporel du Saint-Père.

Cependant, la question romaine causait à Napoléon III encore plus d'embarras et de difficultés à l'intérieur qu'au dehors. Le cardinal Morlot était si affligé de la situation qu'il voulait renoncer à ses fonctions d'archevêque de Paris et de grand aumônier de l'Empereur pour vivre en simple prêtre. Sous l'impression des événements qui avaient eu pour dénouement la journée de Castelfidardo, l'épiscopat français critiquait ouvertement la politique impériale. Pour entraver autant que possible la circulation des mandements hostiles qui se publiaient dans les plus importants diocèses, le Gouvernement avait décidé de les soumettre rigoureusement, comme les autres imprimés, à la double formalité du dépôt préalable et du timbre. Bien que légale, les évêques considérèrent cette décision comme une atteinte à la liberté de leurs communications avec les fidèles. L'agitation religieuse, au lieu de se calmer, augmenta.

L'Empereur, et plus encore l'Impératrice, ne cessaient de regretter le temps où l'accord entre le trône et l'autel était absolu, où soixante-quinze archevêques et évêques assistaient au baptême du Prince Impérial, filleul du Saint-Père, où une milice innombrable de prêtres se mêlait au cortège des souverains pendant le voyage de Bretagne et le pèlerinage de Notre-Dame d'Auray.

Dans toute la France les conservateurs étaient presque unanimes à se prononcer en faveur du pouvoir temporel du Pape. L'Empereur, tenant compte de leur sentiment, que partageaient la plupart des ministres, des membres du Corps législatif et du Sénat, se décida à maintenir, pour le moment, le *statu quo*. Comme il désespérait d'amener une conciliation entre Pie IX et Victor-Emmanuel, et, d'autre part, comme il avait acquis la conviction que le départ de ses troupes serait le signal de l'envahissement de Rome par la révolution, il avait dû se résigner non seulement à les y laisser, mais à en doubler l'effectif. Comprenant très bien que si Pie IX était obligé de quitter la Ville Éternelle une extrême émotion se produirait dans la catholicité tout entière, il faisait les plus sincères efforts pour prévenir une pareille éventualité. Dès le 26 septembre, il avait décidé l'envoi à Rome d'une deuxième division, et, le surlendemain, M. Thouvenel adressa à l'ambassadeur de France une dépêche où il disait : « Nous souhaitons plus vivement que jamais qu'en dépit des suggestions qui l'entourent, le Saint-Père demeure dans sa capitale, où nous saurons protéger son autorité dans toutes les hypothèses, en étendant notre action aussi loin que les conditions militaires auxquelles elle est naturellement subordonnée pourront le permettre. Nul part le chef de la catholicité ne saurait attendre plus dignement la fin de la crise qui afflige tous les fidèles ».

Le cabinet de Turin ayant exprimé le désir de connaître d'une manière précise l'étendue de territoire que les troupes françaises se réservaient d'occuper, il lui fut répondu que ces territoires comprenaient les délégations de Civita-Vecchia et de Viterbe, au nord ; la délégation de Velletri, au sud, et, à l'est, les environs de Rome jusqu'à Civita-Castellana. C'était dès lors au gouvernement sarde à donner des instructions au général Fanti pour éviter les conflits.

Au commencement de 1861, la politique de l'Empereur à Rome se résumait donc ainsi : la France n'aiderait point le Pape, *manu militari*, à reconquérir un pouce du terrain qu'il avait perdu, mais elle maintiendrait le pouvoir temporel dans les limites où les événements l'avaient circonscrit.

VI

L'AMBASSADEUR DE FRANCE A ROME

Personne ne souffrait plus que l'ambassadeur de France à Rome du dissentiment qui existait entre le Pape et l'Empereur. Partisan convaincu du pouvoir temporel, le duc de Gramont travaillait loyalement à le défendre ; mais, plein de respect pour le Saint-Père, il avait aussi des devoirs envers son souverain, et il envisageait les choses avec sang-froid et impartialité. Tout en ayant été indigné par l'invasion des Marches et de l'Ombrie, il croyait que Pie IX avait été mal inspiré en mettant à la tête de son armée un adversaire personnel de Napoléon III comme le général de Lamoricière. C'est là une faute qu'un Pape diplomate, tel que Léon XIII, n'aurait certainement pas commise.

Le duc de Gramont s'entendait avec le cardinal Antonelli, dont il appréciait l'habileté et le sens politique ; mais il blâmait le zèle fougueux et les intempérances de langage de Mgr de Mérode. Il savait que parmi les défenseurs du Pape, les uns n'obéissaient qu'à leur conscience et à leur conviction religieuse, mais les autres se souciaient moins au fond de sauver le trône de Pie IX que d'ébranler celui de Napoléon III. Rome était devenue un foyer d'agitation de partis dont le représentant de l'Empereur ne pouvait s'empêcher de signaler l'existence à son gouvernement.

Le duc de Gramont avait écrit, le 10 avril 1860, dans une dépêche adressée à M. Thouvenel :

« A peine M. de Lamoricière fut-il entré au service du Pape, qu'on vit arriver à Rome de nombreuses députations françaises qui se présentèrent en corps et avec pompe devant Sa Sainteté, affectant tous les caractères de l'opposition dynastique la plus prononcée, et tenant, jusqu'au pied du trône pontifical, un langage dont la violence dénote une exaltation extrême.

« Quelques camériers influents encouragent ces manifestations par tous les moyens dont ils disposent. Il y a quelques jours, un air de mystère régnait au Vatican ; on arrêtait les visiteurs en leur demandant : — Êtes-vous Bretons ? — et on leur expliquait que les salles étaient momentanément fermées, parce que le Saint-Père y recevait l'hommage de la Bretagne qui, par députations, venait protester contre l'Empereur.

« Samedi dernier, c'était le tour des Lyonnais. Un Français qui, bien que catholique fervent, n'a pas cru devoir répudier des sentiments conformes à sa nationalité, fut interpellé vivement en ces termes : — Monsieur, on est sujet du Pape avant d'être sujet de son souverain ; si vous n'êtes pas dans ces idées, que venez-vous faire ici ? — Le cardinal secrétaire d'État, dont l'esprit politique a parfaitement compris les dangers de cet état de choses, est loin d'encourager cette imprudente agitation ».

Au mois de février 1861, le ministre des Affaires

étrangères jugea convenable de faire figurer la dépêche dans le recueil des documents diplomatiques soumis au Corps législatif et au Sénat. La publication produisit à Rome une vive colère. Le journal romain l'*Armonia* fit paraître, à cette occasion, un long article qui n'était qu'un tissu d'outrages au duc de Gramont. Très ému de ce torrent d'injures, l'ambassadeur adressa, le 19 février, à M. Thouvenel, une lettre particulière où il disait :

« Je conçois parfaitement les difficultés en présence desquelles vous vous êtes trouvé quand l'Empereur vous a demandé de publier ces documents, mais vous conviendrez avec moi que cela m'a fait une bien pénible position... Le journal l'*Armonia* consacre quatre colonnes à me diffamer et à m'insulter. Il me semble que tout cela est un peu dur à supporter quand on a la conscience pure et droite... Me voilà signalé comme espion politique du Vatican, comme anti-catholique, comme ennemi personnel du Pape ! Est-il possible, vous le savez mieux que tout autre, de pousser plus loin la bassesse et l'ingratitude ? Et cependant ces injures, ces calomnies, qui s'élèvent du cloaque le plus ignoble pour envahir tous les salons, pour approcher peut-être du trône et de l'autel, ces mensonges infâmes seront acceptés avec joie par les ennemis de l'Empereur et de la France ! Ruiner, déshonorer un ambassadeur de l'Empereur, salir un nom honorable et je puis dire illustre, parce que ce nom appartient au gouvernement impérial, c'est un coup capital ! Bien établir que pour servir la France à Rome, il faut perdre sa réputation, et se voir chaque jour insulter publiquement et hors de portée, c'est un coup de maître ».

Les attaques dirigées contre le duc de Gramont étaient d'autant plus injustes que jamais l'ambassadeur n'avait hésité à se déclarer l'adversaire de la politique cavourienne et le défenseur du Pape. Malgré tant de déboires, il restera fidèle à ses convictions, et, dans ses lettres particulières à M. Thouvenel, il continuera à dénoncer les intrigues garibaldiennes et piémontaises avec autant de conscience qu'il avait signalé les actes d'opposition dynastique faits par certains Français à Rome. Franchement hostile à l'unité italienne, il écrira, le 30 mars : Ceux qui réclament, qui font du bruit avec ce qu'on appelle la *fièvre unitaire*, ceux qui racontent dans les journaux les manifestations qu'ils ne peuvent pas venir à bout de faire afficher, ceux-là ne sont pas de Rome ni même du patrimoine, ce sont des étrangers venus des autres parties de l'Italie. Mais le peuple de Rome, et, à de très petites exceptions près, le peuple des provinces que nous occupons ne vit pas de la vie politique ».

L'ambassadeur ajoutera, le 6 avril : « Aujourd'hui, il serait ridicule d'aller demander au Pape des réformes ou des institutions nouvelles pour le petit bout de terrain qui lui reste... En fait, le citoyen du territoire resté au Pape a plus de liberté et de sécurité que le citoyen de Naples, d'Ancône, de Maccrata, de Bologne ; il paie environ un quart en moins d'impôt que dans les provinces annexées, et il est plus heureux, car il n'a plus à subir la plus grande partie des abus de pouvoir que les autorités pontificales pratiquaient impunément à distance, et qui ne peuvent plus se produire sous l'œil de nos officiers et sous la vigilance qui commence à s'établir dans le gouvernement central ».

L'ambassadeur considère Rome comme une ville de fonctionnaires, de marchands, de prélats et de moines, où l'élément religieux désire naturellement le maintien de la souveraineté pontificale, où les marchands ne pensent qu'à gagner sur les étrangers, et sont pour tout ce qui augmente la sécurité et l'affluence des visiteurs, où c'est avec la plus grande peine que les agents piémontais parviennent à organiser une bande d'une centaine de jeunes artistes et d'une cinquantaine de femmes pour produire, au besoin, une manifestation.

Le duc de Gramont ajoute : « Tous ces *cris de douleur*, qui trouvent un écho dans les prétendus manifestes que publient les journaux, ne sont qu'une comédie des plus grossières... Je crains d'user tout le crédit de mes paroles en répétant sans cesse les mêmes choses, mais je ne puis cependant raisonner sur une Italie factice, telle que l'ont faite les discours piémontais de Turin ou de Paris. Ces aspirations vers Rome ne sont pas italiennes, elles ne sont pas même piémontaises, elles sont *cavouriennes*. Que l'Empereur veuille bien choisir cinq ou six hommes intelligents, calmes, froids et sans préjugés, qu'il les envoie étudier la question sur les lieux, et je me soumets d'avance à leur verdict. Que puis-je dire de plus ? » La conclusion de l'ambassadeur est celle-ci : « Nous avons besoin de la souveraineté temporelle du Pape, et si cette souveraineté doit s'éteindre, il est nécessaire qu'elle ne s'éteigne pas dans nos bras, et qu'on ne puisse pas nous accuser d'avoir devancé les décrets de la Providence ».

Les citations que nous venons de faire ont leur importance parce qu'elles prouvent que Napoléon III, tout en favorisant dans une certaine mesure la politique du comte de Cavour, avait choisi comme ambassadeur à Rome et maintenait à son poste un diplomate adversaire déclaré de cette politique.

VII

Les grandes questions diplomatiques allaient sortir des régions du mystère pour être livrées à la publicité et à la discussion. L'Empereur voulut en appeler à l'opinion publique et mettre en lumière des dépêches qui, jusque-là, avaient été laissées dans l'ombre. C'est surtout aux affaires extérieures que devaient s'appliquer les réformes libérales octroyées *proprio motu* par le décret du 24 novembre 1860.

Le 1ᵉʳ décembre, le duc de Gramont avait écrit à M. Thouvenel : « L'Empereur ne peut ni satisfaire les réactionnaires, ni satisfaire les révolutionnaires. C'est la conséquence du rôle modérateur qu'il a choisi. Je ne dis pas qu'il ait eu tort, mais je signale les difficultés de la situation. Nous ne contenterons personne. Or, cela étant, l'Empereur a fort bien fait d'appeler le Sénat et les députés à prendre leur part du fardeau. Cela dégage sa personne et fortifie sa politique. Nous y gagnerons aussi beaucoup les uns et les autres, car les débats parlementaires qui, bon gré mal gré, vont ressusciter, nous éclaireront davantage et nous garantiront contre les retours de politique ou d'influences *privées* dont les contre-coups se font sentir à l'extérieur d'une façon si fâcheuse et si inconnue pour ceux qui n'en ont pas été les témoins ou les victimes ».

Beaucoup d'impérialistes ne partageaient pas à cet égard l'opinion de l'ambassadeur de France à Rome. Ils voyaient avec inquiétude, dans le décret du 24 novembre, un acheminement vers la suppression de la Constitution de 1852 et vers la reprise complète du parlementarisme. Ils n'auguraient rien de bon des discussions qui auraient lieu au sein des Chambres, et ils prévoyaient que l'Empereur avait gratuitement dressé des pièges à son gouvernement et à lui-même.

Le 4 février 1861, Napoléon III fit au Louvre, dans la salle des États, l'ouverture de la session législative. Il constata, dans le discours du trône, que, jusqu'à ce jour, les grands corps de l'État étaient privés de la faculté de fortifier le gouvernement par leur adhésion publique, ou de l'éclairer par leurs conseils. Il annonça que désormais, tous les ans, un exposé général de la situation serait mis sous les yeux des Chambres, et que les dépêches les plus importantes de la diplomatie seraient déposées sur leurs bureaux. « Vous pourrez également, dans une adresse, ajouta-t-il, manifester votre sentiment sur les faits qui s'accomplissent, non plus, comme autrefois, par une simple paraphrase du discours du trône, mais par la libre et loyale expression de votre opinion. Cette amélioration initie plus amplement le pays à ses propres affaires, lui fait connaître ceux qui le gouvernent comme ceux qui siègent dans les Chambres, et, malgré son importance, n'altère en rien l'esprit de la Constitution ».

Le comte de Morny, président du Corps législatif, inaugura les travaux de cette assemblée par une allocution dans laquelle il fit ressortir la haute portée des réformes émanées de l'initiative impériale. Il insista

sur la faveur que le souverain venait de concéder au
Corps législatif en lui accordant le droit de voter une
adresse, droit qui impliquait le libre examen de la politique intérieure et extérieure du gouvernement, et il
répéta les paroles que l'Empereur avait prononcées
en conseil, lors de la préparation du décret du 24 novembre : « Ce qui nuit à mon gouvernement, c'est l'absence de publicité et de controle ».

M. de La Gorce, dans son histoire si remarquable
du second Empire, en a fait justement la remarque, le
monarque s'était fatigué de la toute puissance, avant
que le peuple ne se lassât de la sujétion. Pendant neuf
ans, l'Empereur avait tenu tous les hommes d'ordre
étroitement serrés autour de lui. Les partis conservaient leurs cadres, mais leurs chefs voyaient leurs
soldats se rallier en masse à l'Empire. Depuis les événements de 1860, les affaires italiennes avaient rompu
le pacte qui, dès le commencement du règne, avait rat-
taché les catholiques à la dynastie.. La discussion des
questions extérieures, surtout de la question romaine,
pouvait donc susciter au gouvernement de graves embarras. « Mais Napoléon III, ajoute M. de La Gorce, ne
faisait rien comme personne. Il choisit pour lever la
consigne du silence le moment même où le silence lui
eût été le plus propice. Aveuglement ou singularité,
confiance en son prestige ou fatigue du pouvoir personnel, il joua, comme à point nommé, le jeu le plus
propre à réjouir ses adversaires, et le jour où il com-
mit ses premières grandes fautes fut précisément celui
où il se proclama discutable ».

Le *Livre Jaune* (c'est le nom qui fut donné, à cause
de la couleur de sa couverture, au recueil des documents diplomatiques soumis aux Chambres), excita un
vif intérêt non seulement dans le monde parlementaire, mais dans la presse et dans le public. Les cha-

pitres relatifs à la question de la Savoie et de Nice,
aux affaires de Syrie et à l'expédition de Chine étaient,
on peut le dire, des chapitres glorieux. Mais ceux qui
avaient trait à l'annexion de l'Italie centrale, aux affaires de Rome et de l'Italie méridionale étaient loin
d'être brillants. En Savoie et à Nice, en Syrie et en
Chine, la politique française avait été conduite avec
autant d'énergie que de succès. Mais à Turin, à Parme,
à Modène, à Florence, à Rome, à Naples, elle avait été
indécise, incertaine, pleine de contradictions. Dans
toute la Péninsule, les plans de l'Empereur échouaient.
On n'avait tenu compte ni de ses idées et de ses pro-
grammes, ni de ses conseils et de ses remontrances.
Jouet de Garibaldi et de la révolution, il avait eu recours à des mesures incomplètes telles que le rappel
du ministre de France près de la cour de Turin et
l'envoi de l'escadre française dans les eaux de Gaëte.
Habituant peu à peu l'Europe à ne plus écouter sa
voix, il avait perdu de son prestige et de son autorité
morale. On ne savait pas bien ce qu'il voulait. Peut-
être ne le savait-il pas lui-même. Les personnes malveillantes devaient trouver dans le *Livre Jaune* des
arguments nombreux pour justifier leurs critiques et
leur opposition. La publication de ce recueil, loin de calmer les esprits, était de nature à les surexciter et à provoquer des controverses passionnées et violentes. Les
premières concessions libérales si généreusement accordées par l'Empereur allaient se retourner contre lui.

Le Sénat vota son adresse avant le Corps législatif.
La discussion générale commença le 28 février au palais du Luxembourg. Elle s'ouvrit par le discours d'un
légitimiste rallié récemment à l'Empire, le marquis de
La Rochejaquelein, qui s'occupa exclusivement des
affaires d'Italie, et fit un véritable réquisitoire contre
la politique du roi Victor-Emmanuel.

Après avoir amèrement reproché au Piémont d'avoir méprisé les conseils de la France, violé les engagements de Villafranca et de Zurich, poursuivi à tout prix « la chimère de l'unité italienne », l'ancien partisan du comte de Chambord signala l'excessive longanimité du cabinet des Tuileries en présence de tels agissements, l'inutilité des protestations diplomatiques adressées à Turin, le danger du principe de non intervention, principe d'origine anglaise et par cela même suspect à la France. Il prodigua les témoignages de sympathie au roi de Naples et aux autres princes dépossédés. Il réfuta les accusations dirigées contre le gouvernement pontifical et déclara que la France ne pourrait tolérer la moindre atteinte au pouvoir temporel et aux droits du Saint-Siège sans faillir à ses traditions, à ses intérêts, à l'honneur de sa parole, à ses devoirs de grande puissance catholique et de fille aînée de l'Eglise. L'orateur conclut en demandant que le gouvernement impérial arrêtât les progrès de la Révolution et provoquât la réunion immédiate d'un Congrès pour régler les affaires de l'Italie et accorder au droit des gens violé les réparations nécessaires.

Le marquis de La Rochejaquelein avait parlé comme un légitimiste, mais, au fond, un très grand nombre d'impérialistes, et, parmi eux, presque tous les membres du Sénat, partageaient ses idées. Ce fut le prince Napoléon qui, le 1er mars, se chargea de lui répondre. Rarement discours produisit une aussi vive curiosité et donna lieu à des controverses aussi passionnées que celui du cousin de l'Empereur.

VIII

LE PRINCE NAPOLÉON AU SÉNAT

Le prince Napoléon est écouté par le Sénat avec un intérêt extrême. Dès le début de son discours, sa voix forte et sonore, son masque napoléonien, sa parole vibrante et passionnée, produisent un grand effet, bien que les idées qu'il développe soient en contradiction absolue avec celles de presque tous ses auditeurs. Il fait contre les Bourbons un véritable réquisitoire. « Partout et toujours, s'écrie-t-il, dans tous les pays où elle a régné, cette famille nous a donné le scandaleux exemple de trahisons intérieures. En France, rappelez-vous Philippe-Égalité ; en Espagne, les affaires de Bayonne, où Ferdinand VII invoquait le secours de l'étranger contre son père Charles IV, et, en dernier lieu, le comte de Mortemelin luttant contre la reine d'Espagne ».

Le prince n'est pas plus bienveillant pour la maison d'Autriche. Il s'attache surtout à flétrir une fille de la grande impératrice Marie-Thérèse, une sœur de Marie-Antoinette, la reine de Naples Marie-Caroline. « Il n'est pas d'horreurs qu'elle n'ait commises, s'écrie le fougueux orateur. Elle s'est vautrée

dans le sang, et on l'a vue l'amie de lady Hamilton, la maîtresse de Nelson, de Nelson qui fut le
bourreau des Napolitains. Quel fut le ministre de cette
reine ? Par quelle main répandait-elle le sang ? Par la
main d'un cardinal romain, du cardinal Ruffo, qui a
couvert le pays d'échafauds pour vider les prisons
qu'il avait remplies. C'est la reine Caroline qui chan-
geait de chambre à coucher pour que ses fenêtres
donnassent sur la place et qui disait : « Je verrai
mieux pendre de ce côté ». Et, en effet, elle a vu de
ses fenêtres pendre aux vergues des vaisseaux anglais
les meilleurs citoyens dont Naples s'honorait, tels que
le prince Caracciolo ». En prononçant ces paroles, au
moins inutiles, le prince Napoléon oublie sans doute
que sa vertueuse femme, la princesse Clotilde, descend en ligne directe de la reine Marie-Caroline.

Le prince attaqua avec une même vigueur les vi-
vants et les morts, les hommes et les choses, Lamoricière et « ses bandes », M. de Mérode, « cet ex-sous-
lieutenant belge transformé en ministre de la guerre »,
Rome « devenue un Coblentz », le marquis de La Rochejaquelein, « dont le discours émane évidemment
d'un saint concile légitimiste et clérical », la classe
bourbonnante, c'est-à-dire « les journaux légitimistes,
orléanistes et quelques évêques déférés au Conseil
d'État », le « malheureux pouvoir temporel qui fuit
de tous côtés comme un vase fêlé », lacour de Rome,
« cette cristallisation du moyen âge », le gouvernement napolitain, « ce gouvernement corrupteur qui a
usé tous les ressorts, détruit tous les bons sentiments »,
les diplomates que les Italiens ont en exécration « et
avec raison parce que les diplomates les ont toujours
trahis ».

Le prince fait bon marché de la confédération italienne, projet primitif de Napoléon III. « Cette confé-

dération, dont on a tant parlé, dit-il, jamais elle n'a été visible, jamais elle n'a été qu'un simple conseil, une simple hypothèse que personne n'a voulu accepter parce qu'elle était impossible à réaliser. Restait donc la liberté pour les Italiens, l'Italie pour eux seuls, c'est-à-dire l'unité ».

Le prince vient de prononcer cette phrase, quand le président lui dit : « Voulez-vous vous arrêter ici un instant, Monseigneur ? » Le prince répond : « Si le Sénat n'est pas trop fatigué de m'entendre, je lui demande la permission de me reposer un instant ». Il est quatre heures et demie. Les lustres s'allument. La séance suspendue recommence un quart d'heure après.

L'orateur reprend la parole, et cette dernière partie de son discours n'est qu'un plaidoyer en faveur de la cause unitaire.

« Messieurs les sénateurs, dit-il, il me reste encore une tâche, c'est de prouver que l'unité italienne est dans les intérêts de la France ». A l'appui de sa thèse, il déclare que les Italiens et les Français ont une similitude de race, de religion, et des frontières qui ne peuvent donner lieu à aucune discussion, grâce à l'arrangement juste, équitable, national, de Nice et de la Savoie. A ses yeux, le véritable ciment de l'alliance, c'est que les deux dynasties sont le résultat du suffrage universel en opposition avec les anciennes dynasties de droit divin.

Quant à la question romaine, elle n'embarrasse pas l'orateur. Il montre le Tibre divisant Rome ; sur la rive droite, la ville catholique, le Vatican, Saint-Pierre ; sur la rive gauche, la ville des anciens Césars, le mont Aventin, les grands souvenirs de la Rome impériale. « Sur la rive droite, dit-il, s'est réfugiée la partie la plus vitale du catholicisme ; il y aurait possibilité, je ne dis pas de forcer le Pape, mais de lui faire comprendre la nécessité de s'y restreindre. Il y aurait possibilité de lui garantir son indépendance dans ces limites. La catholicité lui assurerait un budget propre à la splendeur de la religion et lui fournirait une garnison... Vous auriez ainsi une oasis pour le catholicisme au milieu des tempêtes du monde ».

En résumé, l'unité italienne est la conclusion du discours. « Il n'y a que deux solutions, dit le prince : *l'Unité de l'Italie avec Rome pour capitale, ou l'intervention armée avec ses désastres.* Vous pouvez tergiverser plus ou moins longtemps, mais à la fin vous serez obligés d'y arriver... La catholicité n'aurait qu'à gagner à voir le Pape dans une grande et honorable retraite, d'où il dominerait tout le monde et ne dépendrait de personne. Je voudrais, pour terminer, qu'au lieu d'une parole d'irritation et de haine envers une nation et un souverain pour lesquels la France n'a que des sympathies, il s'élevât une parole qui dit : *Sagesse,* Saint-Père ! C'est du Sénat français que devraient partir ces paroles : *Sagesse,* de la part de vos fils les plus dévoués, de la part de ceux qui vous ont rendu service dans tous vos malheurs depuis douze ans ; écoutez nos conseils : *Sagesse,* Saint-Père ! Et que la politique de l'empereur s'inspire de cette ancienne devise : *Fais ce que dois, advienne que pourra !* »

M. Thouvenel écrivit au général de Flahault : « Je ne connais parmi les ministres que M. de Persigny qui ait approuvé le discours du prince Napoléon ». Cependant, bien des gens se demandaient si, au fond, le prince était aussi en désaccord avec l'Empereur qu'on voulait bien le dire, et l'on remarquait que ses conclusions sur la question romaine n'étaient pas sans analogie avec celles de la fameuse brochure *Le Pape et le Congrès.*

Comment les catholiques n'auraient-ils pas été troublés par la harangue du cousin de l'Empereur, quand ils voyaient un personnage officiel par excellence, l'ami personnel du souverain, M. de Persigny, faire de ce discours un éloge enthousiaste, se précipiter au télégraphe pour annoncer à tous les préfets que la France comptait un grand orateur, que cet orateur était un Napoléon, et faire afficher le discours dans les quarante mille communes de l'Empire ?

En Italie, les partisans de l'unité portaient aux nues le cousin de Napoléon III. Le comte de Cavour lui écrivit : « Le discours de Votre Altesse Impériale est pour le pouvoir temporel du Pape ce que Solférino a été pour la domination autrichienne. Après avoir fait une aussi large brèche aux murailles de la cité éternelle, Votre Altesse nous donnera un coup d'épaule pour nous en faciliter l'entrée... La destruction du pouvoir temporel sera un des faits les plus glorieux et lesplus féconds dans l'histoire de l'humanité, et le nom de Votre Altesse y demeurera à jamais attaché ».

Le 8 mars, Napoléon III reçut l'adresse du Sénat. Il y était dit : « L'Italie ne sera comprise du monde qui la regarde que si elle prouve qu'elle ne veut pas agiter l'Europe par sa liberté après l'avoir longtemps troublée par ses malheurs... Notre plus ferme espoir est dans la main tutélaire et infatigable de Votre Majesté. Votre affection filiale pour une sainte cause que vous ne confondez pas avec celle des intrigues qui en empruntent le masque, s'est incessamment signalée dans la défense et le maintien du pouvoir temporel du Souverain Pontife, et le Sénat n'hésite pas à donner son adhésion la plus entière à tous les actes de votre politique loyale, modérée, persévérante ». L'Empereur remercia les sénateurs d'approuver sa conduite dans le passé et d'exprimer leur confiance dans l'avenir.

IX

LE PRINCE ET LA PRINCESSE DE METTERNICH

Si quelques passages du discours prononcé par le prince Napoléon au Sénat n'avaient point déplu à l'Empereur, d'autres lui avaient paru maladroits et intempestifs. Le fougueux orateur s'était attaqué à l'Autriche.

« Vous, Autriche, avait-il dit, où êtes-vous aujourd'hui ? Êtes-vous à Venise avec les Italiens ? A Pesth, avec les Hongrois ? A Agram avec les Slaves du Midi ? En Bohême, avec les Slaves du Nord ? A Lemberg, avec les Polonais ? Non, vous n'êtes nulle part ; vous n'êtes que là où peuvent atteindre vos canons, vos fusils et la schlague de vos caporaux. » Tenir un pareil langage, à un moment où Napoléon III faisait tous ses efforts pour effacer, à la cour de Vienne, les souvenirs douloureux de la guerre de 1859, traiter le célèbre prince de Metternich « d'ennemi acharné de la France et de l'Italie », alors que son fils était à Paris l'ambassadeur de l'empereur François-Joseph et trouvait aux Tuileries l'accueil le plus sympathique, c'était un manque de tact que ne pouvait admettre Napoléon III.

Les relations de la France et de l'Autriche étaient devenues excellentes. Jamais ambassadeur et ambassadrice n'avaient eu à Paris une meilleure situation que le prince et la princesse Richard de Metternich, jamais ambassade n'avait été plus brillante, plus élégante, plus à la mode. En 1861, le prince avait trente-deux ans, et la princesse vingt-quatre. Jeunesse, naissance, fortune, tout contribuait à leur succès. Élevé à l'école de son père, le plus illustre diplomate du siècle ; très instruit, très courtois, type accompli d'homme du monde et de grand seigneur ; ayant le même âge que son souverain, dont il avait été, dès son enfance, le commensal et dont il possédait toute la confiance, le prince Richard de Metternich n'était pas un nouveau venu de Paris. Il y avait passé plusieurs années comme secrétaire de l'ambassade dont il devint le chef, et le jeune diplomate n'avait pas moins brillé à la cour qu'à la ville. Pendant la guerre de 1859, il était auprès de l'empereur François-Joseph, et son influence n'avait peut-être pas été inutile à la conclusion de la paix de Villafranca. Napoléon III fut heureux de voir revenir à Paris, en qualité d'ambassadeur, un homme qui avait laissé de si bons souvenirs dans la société française, et dont la politique avait pour objectif un rapprochement complet, définitif, avec la France.

Le prince de Metternich était aussi Parisien que Viennois. Les académiciens disaient qu'il savait le français mieux qu'eux-mêmes. Un jour, dans une série de Compiègne, on s'amusa à faire un concours d'orthographe. La dictée était très difficile. L'Empereur et plusieurs immortels figuraient parmi les concurrents. Le prince eut le numéro un. Ce n'était pas seulement un lettré, c'était un artiste. Il jouait du piano à merveille et composait de jolies valses. Homme de chancellerie et homme de salon, il appartenait à la diplomatie de l'école aimable, celle qui florissait au xviiie siècle, et qui, pour réussir, cherchait à plaire.

Si le prince de Metternich était *persona grata* à la cour des Tuileries, la princesse l'était peut-être plus encore. Dès son arrivée à Paris, elle séduisit toute la haute société française et étrangère. L'Empereur et l'Impératrice furent sous le charme de cette jeune ambassadrice, si gaie, si spirituelle, dont l'entrain, le brio, l'animation, eussent déridé les fronts les plus moroses. Sa main fine et nerveuse maniait supérieurement le sceptre de l'élégance. « Lorsque la princesse de Metternich, a dit Madame Carette, entrait aux Tuileries, un soir de bal, très mince, maigre même, avec ses épaules très découvertes, son front chargé de diamants, ses longues jupes traînantes, il était impossible d'avoir meilleure grâce, ni plus grand air. C'était bien l'ambassadrice fière de représenter un grand pays. Il y avait même dans la façon dont elle portait la tête sur son cou frêle, quelque chose de l'héroïne capable de se dévouer pour une noble cause. Elle était bienfaisante, secourait avec intelligence et bonté tous ceux qui s'adressaient à elle et, malgré les entraînements du monde qui prenait beaucoup de son temps, la plus grande partie de sa vie appartenait aux devoirs de la famille ».

Le père de la princesse était le comte Sandor, grand seigneur hongrois, véritable centaure, que ses prouesses de sportman avaient rendu célèbre. Un jour, à cheval, il franchit d'un bond une lourde charrette de bœufs qui lui barrait la route. Une autre fois, il lança à fond de train son mail, avec ses quatre chevaux, sur les glaçons du Danube, et traversa le fleuve, d'une rive à l'autre, malgré la menace d'une débâcle prochaine. Un album a représenté ses traits d'audace. Épaules démises, côtes enfoncées, rien ne découragea son intrépidité.

Laissons la parole à l'un des meilleurs amis de la

princesse de Metternich, le marquis de Massa : « Sans
doute, dit-il, la princesse n'était coutumière d'aucun
des exploits hippiques de son père, mais ceux que j'ai
cités montrent qu'elle avait de qui tenir en fait de har-
diesse et de décision. Aussi se cabrait-elle devant la ca-
lomnie comme se cabre un cheval de sang qu'outrage
un coup d'éperon immérité. Avait-on tenu sur son compte un propos médisant ? A la première rencontre, elle
allait droit à l'auteur, et l'apostrophait ainsi : — Je sais
que vous m'avez publiquement attribué telle ou telle
action. Eh bien, vous en avez sciemment menti, car
vous me savez incapable de faire ce que vous avez dit
de moi. C'était bien à tort qu'on a essayé de la faire
passer pour excentrique. Elle n'était qu'originale, et
son originalité consistait surtout dans son excès de franchise, et dans l'horreur qu'elle avait de la dissimu-
lation chez les autres ».

Aimant le plaisir, mais toujours absolument honnête,
épouse et mère irréprochable, cette grande mondaine
détestait le mal. Comme la salamandre, elle traversait
les flammes sans se brûler.

Le prince de Metternich avait pris possession de l'ambassade, installée alors rue de Grenelle-Saint-Germain,
87. En 1861, il occupa dans la même rue, au n° 101, l'hôtel
qui était auparavant celui du ministère de l'intérieur.
La comtesse de Persigny, femme du ministre, ayant pris
cette résidence en grippe, je ne sais pour quelle raison,
le ministère de l'intérieur fut transféré place Beauvau
et son ancien local de la rue de Grenelle (qui est actuellement celui du ministère du Commerce et de l'Industrie) devint l'une des ambassades les plus élégantes et
les plus fastueuses de l'Europe. Ses familiers n'oublie-
ront pas les soirées intimes qu'ils y passaient. Presque
tous les soirs, après le théâtre, un petit groupe d'amis
s'y réunissait. Écoutons encore le marquis de Massa :

« On allumait des cigares, et nos hôtes, excellents musiciens l'un et l'autre, s'asseyaient chacun à un piano
jouant de concert et de mémoire, comme deux Tziga-
nes, tantôt leurs valses viennoises dont le rythme sac-
cadé les soulevait eux-mêmes sur leurs tabourets, tantôt
les fragments les plus variés d'un répertoire éclectique,
allant des opéras de Wagner aux opérettes d'Offenbach.

« L'anniversaire de la naissance de l'un ou l'autre des
deux époux était chaque fois fêté par quelque comédie
de circonstance dont je fus souvent l'un des auteurs. La
princesse détaillait merveilleusement le couplet, et ses
rondeaux préférés étaient ceux où, à quelque gauloi-
serie de bon aloi, se mêle une pointe de sentiment. Je
veux faire rire et pleurer mon public, — disait-elle au
parolier. Les autres interprètes de ces impromptus
joués en petit comité étaient généralement la comtesse
de Pourtalès, la marquise de Galliffet, la princesse Poniatowska, avec Maurice Cottier, Sagan, Paul de Bus-
sière, Beyens, ministre de Belgique, et Solms, premier
secrétaire de l'ambassade de Prusse ».

Quelques esprits chagrins reprochaient à l'ambassadrice comme des crimes ce qui n'était pas même des
peccadilles. La princesse fumait de gros cigares ! La
princesse jouait la comédie ! La princesse chantait des
chansons de Thérésa ! Quel mal y avait-il à cela ? La
grande dame n'était-elle pas en droit de pressentir la
vogue de la cantatrice populaire ? Et les chansons de
Thérésa ne sont-elles pas autrement gaies, autrement
françaises que les chansons « rosses » dans lesquelles
on se complait aujourd'hui ? D'ailleurs, le répertoire
de Thérésa n'était pas celui que la princesse préférait.
Son chansonnier favori, celui dont elle interprétait le
mieux les œuvres, c'était Gustave Nadaud, ce Béranger
moral.

On l'a accusée d'avoir contribué à la décadence de la société française. Qui, aujourd'hui, pourrait parler sans rire des prétendues « vingt années de corruption ? » Le bon sens public a fait justice de ces diatribes banales. Loin d'en vouloir à la princesse comme femme politique, on doit regretter que ses conseils amicaux n'aient pas été mieux écoutés aux Tuileries. Instruite, parlant supérieurement les principales langues de l'Europe, au courant des mystères de la diplomatie, et connaissant à fond le métier d'ambassadrice, la princesse savait très bien abandonner les choses frivoles pour traiter des choses sérieuses. Elle vit avec regret Napoléon III suivre, dans sa politique étrangère, le système de bascule qui fut si fatal à Louis XV, et ressembler, entre l'Autriche et la Prusse, à Don Juan entre Mathurine et Charlotte. Chacune des deux alliances aurait pu être utile. Mais il fallait choisir, et c'était une chimère que de prétendre contenter à la fois Vienne et Berlin. Si la princesse de Metternich avait pu déterminer Napoléon III à ne point trop pencher du côté de la Prusse, ce qui fut assurément l'une des fautes principales de son règne, elle lui aurait épargné les catastrophes finales. La princesse ne fut pas, pour lui, une mauvaise conseillère, ce fut une amie véritable. On ne peut pas lui reprocher d'avoir été trop influente aux Tuileries. On serait tenté, au contraire, de regretter qu'elle ne l'ait pas été assez. Cette femme d'esprit et de cœur aurait été une Egérie supérieure à bien d'autres. Mieux écoutée, peut-être aurait-elle évité à l'Autriche Sadowa et à la France Sedan.

Mais oublions pour un instant la politique, et racontons une solennité artistique à laquelle le souvenir de la princesse de Metternich est resté attaché : la première représentation du *Tannhauser*, de Wagner, à l'Opéra de Paris.

X

LE TANNHAUSER

Lors d'un de ses derniers séjours à Paris, la princesse de Metternich a bien voulu me raconter comment elle obtint de l'Empereur que le *Tannhauser* fut joué à l'Opéra. C'était en 1860 qu'elle lui en exprima le désir. « Permettez-moi, Sire, lui dit-elle, d'adresser une supplique à Votre Majesté. L'Empereur ne pourrait rien faire qui me fût plus agréable que d'y donner une suite favorable ». — « Si la chose est possible, répondit galamment le souverain, elle se fera ». L'ambassadrice dit alors qu'il s'agissait de mettre au répertoire de l'Opéra, *Tannhauser,* un chef-d'œuvre de Wagner, « l'homme de génie, ajouta-t-elle, le musicien de l'avenir ! » Très peu occupé de musique, Napoléon III ne connaissait ni le nom de la pièce, ni même celui de l'auteur. Cependant se tournant du côté de son premier chambellan, chargé de la surintendance des théâtres : « Bacciochi, dit-il, vous ferez mettre tout de suite à l'étude, à l'Opéra, la pièce que la princesse vient de désigner ».

Une des gloires de notre première scène lyrique est d'avoir accordé de tout temps l'hospitalité la plus généreuse aux compositeurs de tous les pays. Cela remonte à Louis XIV, qui concéda à Lulli, son premier violon, le privilège de cette grande scène, ouverte à deux battants, dans la suite, aux maîtres étrangers, surtout aux Italiens et aux Allemands. Gluck, Piccini, Spontini, Donizetti, Verdi, Meyerbeer y ont eu droit de cité, et l'on a justement posé en principe que l'art n'a point de patrie.

En 1855, lors de l'Exposition universelle, quelle fut la partition choisie pour être représentée à l'Opéra de Paris, qui en eut la primeur ? Ce fut un ouvrage de Verdi, les *Vêpres Siciliennes*, où Sophie Cruvelli triompha. Le sujet du *libretto* n'était rien moins qu'agréable pour la France. Cependant, l'œuvre eut un grand succès, et Verdi reçut la croix d'officier de la Légion d'honneur.

Était-ce par hostilité contre l'Allemagne que les abonnés de l'Opéra devaient faire un mauvais accueil au *Tannhauser* ? Pas le moins du monde. Il n'existait alors en France aucune passion anti-allemande. On était bien avec l'Autriche, avec la Prusse, avec les États de la Confédération germanique. De tous les compositeurs, le plus joué, le plus admiré à Paris était un Prussien, un maître de chapelle du roi de Prusse, Meyerbeer. On ne cessait d'applaudir ses trois belles partitions à l'Opéra : *Robert le diable*, les *Huguenots*, le *Prophète*, et l'on faisait auprès de lui les plus vives instances pour le décider à y faire jouer l'ouvrage qu'il avait en portefeuille, l'*Africaine*.

Voulait-on être désagréable à l'ambassadrice d'Autriche, quand on fit tomber l'œuvre qu'elle protégeait ? En aucune manière. La princesse était très à la mode on pourrait même dire très populaire dans la société parisienne, et l'idée de la contrister ne serait venue à personne. Le *Tannhauser* fut sifflé pour une unique raison, il ennuya le public, et le public trouvait, comme Boileau, que :

« Tous les genres sont bons, hors le genre ennuyeux »

Cependant, l'administration n'avait rien négligé pour monter l'ouvrage dans les conditions les plus favorables. On avait engagé les artistes que l'auteur demandait, le ténor allemand Niemann, le baryton Morelli et Mme Tedesco. Décors splendides, mise en scène d'une magnificence rare, personnel immense, six mois d'études et de répétitions poursuivies avec un zèle infatigable. Rien ne manqua de ce qui pouvait assurer le succès.

Jamais première représentation n'excita un plus vif intérêt. L'Empereur et un public d'élite y assistèrent le mercredi 13 mars 1861. On était impatient de savoir l'effet que produirait à Paris une œuvre qui avait soulevé tant de controverses en Allemagne, et dont l'auteur était considéré par ses adeptes comme le messie de la musique, comme le maître qui anéantirait la gloire de tous ses prédécesseurs.

La représentation commence, sans indiquer, de la part des spectateurs, la moindre trace d'opposition. L'ouverture, déjà connue (elle avait été exécutée en 1860 aux trois concerts donnés par l'auteur à la salle Ventadour), est accueillie par des applaudissements. Mais la scène du Vénusberg ne plaît pas. On la trouve longue et ennuyeuse. Au tableau suivant, les mauvaises dispositions du public s'accentuent. La ritournelle de l'air du pâtre excite des éclats de rire. La Princesse de Metternich, qui est dans une loge entre les colonnes, pâlit de colère.

Au deuxième acte, la marche, déjà célèbre, est applaudie avec enthousiasme ; le public se tourne du côté de la princesse pour lui prouver que ce n'est point à elle qu'on en veut, et qu'il n'y a pas de parti-pris contre son protégé. Le concours des chanteurs fait fiasco, et, à la fin de l'acte, les spectateurs ne sifflent pas, mais se remettent à rire dédaigneusement.

C'est le moment où, suivant la légende, l'ambassadrice brisa son éventail. « Ce n'est point exact, m'a-t-elle dit. J'étais très irritée. Mais mon éventail était fort joli, j'y tenais beaucoup, et je n'ai pas eu un seul instant l'idée de le briser ». Aurélien Sholl a célébré dans ces vers charmants la noble colère de la princesse, indignée de ce qu'elle considérait comme un sacrilège :

Depuis plusieurs saisons, je vous connais, Madame,
J'eus l'honneur de vous voir à la fin de l'hiver.
C'était à l'Opéra, qui donnait *Tannhæuser*,
Et, placé près de vous, je lisais dans votre âme.
Savez-vous qu'un volcan eût lancé moins de flamme,
Savez-vous qu'un orage eût jeté moins d'éclairs ?

Au milieu des éclats puissants de l'harmonie,
J'osais vous contempler, et je disais tout bas :
Plus d'un voudrait baiser la trace de ses pas !
En la voyant braver cette foule impunie,
S'il méconnaît l'auteur, et siffle son génie.
C'est que tout ce public ne le regarde pas.

Au troisième acte, la délicieuse romance de l'Étoile, très bien chantée, délasse le public. On applaudit aussi la superbe marche des Pèlerins, mais les longues mélopées, les sonorités à outrance, l'interminable récit du voyage à Rome, sont condamnés unanimement. À la fin de la représentation, Marie Sasse et Mme Tedesco, très remarquables, l'une dans le rôle d'Élisabeth, l'autre dans celui de Vénus, Niemann, Morelli et Cazeaux sont rappelés par la salle entière, pour montrer que les artistes ne sont pas responsables de la chute de l'ouvrage.

La seconde représentation eut lieu le lundi 18 mars.

En vain l'auteur avait fait de nombreuses coupures, le public fut inflexible. L'opposition ne se traduisit pas seulement, comme à la première représentation, par des rires et des murmures, mais par de véritables sifflets. L'arrivée de l'Empereur et de l'Impératrice, qui entrèrent dans la salle vers la fin du deuxième acte, donna lieu à un curieux incident. Leurs Majestés parurent au moment où le tumulte était à son comble. Selon l'usage, des applaudissements ayant salué leur apparition, ceux des siffleurs qui étaient placés de façon à ne pas voir ce qui se passait dans la loge impériale s'imaginèrent que ces applaudissements n'étaient qu'une lutte opiniâtre contre leur opposition, et se remirent à siffler avec un redoublement de fureur. Au troisième acte, la tempête recommença à un tel point que le ténor Niemann, ne pouvant se faire entendre, demanda grâce et s'adressa au public par geste, comme pour savoir s'il devait continuer. Il continua, et quand on releva le rideau il fut très chaleureusement applaudi. Une troisième et dernière représentation, non moins tumultueuse que la seconde, eut lieu le 24 mars, et l'auteur, n'essayant plus de lutter contre le mauvais vouloir du public, retira son ouvrage.

On eût tort de siffler le *Tannhauser* On pouvait critiquer, mais on aurait dû écouter. Au moment où Ignace de Loyla allait rendre son âme à Dieu, ses disciples s'approchant de son lit de mort, lui dirent : « Mon père, que nous souhaitez-vous ? » Le fondateur de l'ordre des Jésuites répondit : « des persécutions ». Dans le domaine de l'art, comme dans celui de la religion et de la politique, on gagne souvent à être persécuté. Les violentes attaques dirigées contre le *Tannhauser* et *Lohengrin*, à Paris, ont beaucoup contribué au succès que les deux partitions ont fini par y obtenir.

On a religieusement écouté la *Valkyrie* et les *Maîtres Chanteurs*, et ces ouvrages ont moins de vogue que les deux autres

Autant la mode était, en 1861, de dénigrer le *Tannhauser*, autant la mode est aujourd'hui de l'exalter. Et cependant bien des gens, s'ils osaient dire tout haut ce qu'ils pensent, avoueraient qu'ils n'aiment aucun des passages que le public de 1861 critiqua. Quels sont aujourd'hui les morceaux qui plaisent à presque tous les spectateurs? Ceux-là même qui furent applaudis en 1861. Les autres les laissent très froids. On aime dans le *Tannhauser* tout ce qui est de l'ancienne musique, et l'on apprécie beaucoup moins ce qui est de la musique de l'avenir, ou soi disant telle.

Quant à la prétention de l'école wagnérienne qui voudrait faire table rase du passé, le bon sens public en a fait justice, et c'est l'Allemagne elle-même qui a donné l'exemple d'une admiration constante pour la musique française et pour la musique italienne. Sans doute, l'Allemagne s'incline devant le génie de Wagner, mais elle ne considère pas toutes ses œuvres comme indiscutables. La princesse de Metternich m'avouait elle-même que dans les derniers ouvrages du maître, il y a des parties mortellement ennuyeuses. « S'ils me voyaient, me disait-elle, bâillant et même dormant — ce qui m'arrive — à certains passages de la *Tétralogie*, les adversaires de Wagner seraient vengés ».

Aujourd'hui, l'on semble renoncer aux exagérations, soit dans un sens, soit dans un autre. Les choses sont remises au point. Wagner a sa place dans le temple de l'art, mais il n'en a pas chassé les autres dieux. Il est cependant quelques Français qui, en musique comme en littérature et en politique, voudraient renier notre génie traditionnel et nos gloires nationales, pour n'exalter que les productions étrangères. A ces Français-là nous

nous contenterons de dire : Nous ne vous demandons qu'une chose, c'est de n'être pas plus Allemands que les Allemands eux-mêmes.

Nous respecterons volontiers l'idole de Bayreuth, mais à une condition, c'est que son culte ne sera pas un culte exclusif. Nous admirons Wagner : nous nous défions des wagnériens.

Revenons maintenant à la politique, et passons des soirées de l'Opéra aux séances du Corps législatif. On y entendit, le 13 mars, jour de la fameuse représentation du *Tannhauser,* un discours qui fit sensation. Comme la musique, le parlementarisme a ses dilettantes.

XI

LE CORPS LÉGISLATIF

L'Empire libéral n'était pas encore proclamé, mais l'Empire autoritaire commençait à être ébranlé. Le parlementarisme, si usé et si démodé après le coup d'État, retrouvait de nombreux adhérents. Les séances du Corps législatif n'étaient plus regardées comme fastidieuses. Le public y prenait goût. Parfois, on se serait cru revenu au temps de Louis-Philippe. La tribune n'était pas encore rétablie, mais un grand orateur comme Emile Ollivier n'a pas besoin de ce piédestal pour que sa voix soit écoutée. Depuis que les discours, au lieu d'être résumés dans un simple compte rendu, étaient reproduits *in extenso*, ils avaient d'innombrables lecteurs. La responsabilité ministérielle n'existait pas, mais les ministres sans portefeuille, chargés de défendre la politique gouvernementale, présentaient plus d'une analogie avec les ministres des régimes constitutionnels.

Quelques mois avaient suffi pour changer la physionomie du Corps législatif. L'opposition démocratique n'y était représentée que par MM. Emile Ollivier, Jules Favre, Hénon, Darimon, et Picard. Mais les Cinq, comme on les appelait, jouaient un rôle beaucoup plus important que leur nombre. Ils étaient dans le vrai, quand ils disaient à leurs électeurs, en rendant compte de leur mandat : « Nous ne croyons pas être démentis par personne en disant que par nos discours, notre activité et notre attitude, nous avons contribué dans une large mesure à provoquer la réforme du 24 novembre 1860, qui a rendu aux chambres quelques-unes de leurs prérogatives et marqué un pas vers la liberté ». Les observateurs perspicaces sentaient très bien que le décret n'était qu'un essai, un prélude. M. Thiers avait deviné que le vote d'une adresse par les Chambres, en réponse au discours du trône, était le chemin le plus court pour arriver à la restauration du système constitutionnel, et déjà il brûlait du désir de rentrer lui-même dans la vie politique.

Les débats sur l'adresse étaient à peine clos au Sénat qu'ils s'ouvraient au Corps législatif. La discussion générale commença le 11 mars. Dans la séance du 12, la politique italienne du gouvernement fut vivement critiquée par M. Plichon. « Que s'est-il passé? dit l'orateur. La France délivre le Piémont du cauchemar de l'Autriche, et lui donne la riche province de la Lombardie conquise au prix du plus pur de notre sang et de notre or, et que fait le lendemain le Piémont? il rejette les conseils de la France, il s'unit à l'Angleterre pour battre en brèche sa politique et finit par la faire sombrer ».

Adversaire déclaré du principe des nationalités, M. Plichon ajoute : « Les Italiens sont égoïstes, personnels, peu reconnaissants, pour ne pas dire ingrats. Ils consentent à recevoir, ils ne rendent jamais... Ce serait une profonde imprudence que de compter sur l'alliance des peuples issus de la race latine pour rétablir en notre faveur l'équilibre des forces détruit par le principe des nationalités. La France commettrait une faute impardonnable en favorisant cette politique. Je vais plus loin, je dis que c'est pour elle un devoir de la combattre à outrance. Prenez-y garde... Déjà l'idée de l'unité a de nombreux partisans en Prusse et en Allemagne, et y fait des progrès chaque jour ; l'exemple de l'Italie pourrait y rendre le mouvement irrésistible ».

Le 13 mars, un député d'Alsace, jeune et inconnu, M. Keller, fit au Corps législatif un début qui produisit la plus vive sensation. « Je représente, dit-il, un département qui s'est levé tout entier pour repousser les invasions, et qui aspire peut-être plus qu'aucun autre à effacer les traités de 1815, mais un département aussi qui défend les idées d'ordre, et où les attentats qui se produisent en Italie causent une profonde indignation ».

Impitoyable et froidement passionné, l'orateur, avec une énergie contenue, plus redoutable que la colère, s'éleva contre toute la politique italienne du gouvernement. Il l'accusa d'avoir encouragé, d'encourager encore les entreprises révolutionnaires par son inaction et son silence, et le déclara responsable de tout ce que le Piémont avait fait en Italie, car pour arrêter le Piémont il suffisait de le vouloir. « Maintenant, ajouta M. Keller, c'est à Rome même qu'on viendra bientôt demander à Pie IX de recevoir Victor-Emmanuel ; c'est entre les mains de ses spoliateurs, trônant au Quirinal, que le successeur de saint Pierre devra abdiquer le pouvoir qu'il a juré de transmettre à ses successeurs... Messieurs, le Saint-Père est à notre merci. Nous n'avons qu'un signe à faire. Eh bien, je vous le déclare, il serait plus digne d'en finir avec lui que de lui laisser ravir un bien mille fois plus précieux que ce jardin que nous lui conservons, et d'encourager ceux qui prétendent l'avilir avant de le renverser ».

Après avoir cité cette phrase du testament d'Orsini :
Que Votre Majesté se rappelle que tant que l'Italie ne
sera pas indépendante, la tranquillité de l'Europe et
celle de Votre majesté ne seront qu'une chimère », le
député du Haut-Rhin déclara que le programme qui se
réalisait de point en point en Italie, c'était le programme
mazzinien, c'était la politique qui nous montrant d'une
main ses bombes et ses poignards, et de l'autre l'éclat
d'une fausse popularité, se flattait d'établir à nos portes
un Etat unitaire et révolutionnaire de vingt-cinq millions d'âmes.

S'adressant au gouvernement : « Êtes vous révolutionnaire, lui dit-il ; êtes vous conservateur ? Jusqu'à
présent vous n'êtes ni l'un ni l'autre, car vous avez re-
culé pas à pas devant Garibaldi, en même temps que
vous vous proclamiez son plus grand ennemi, car vous
avez fourni à la fois des canons rayés au Piémont et de
la charpie au roi de Naples ; car, d'une main vous avez
protégé le Saint-Siège, de l'autre vous avez dressé son
acte d'accusation, et dans les mêmes pages vous avez
fait écrire l'inviolabilité et la déchéance de Pie IX...
Vous avez voulu obtenir à la fois et le pardon de la Révolution qui, elle, ne pardonne jamais, et le pardon de
l'Église, qui, elle, se résigne à tout, hormis à approuver ceux qui la dépouillent et qui la trompent ».

Attaquant le discours prononcé par le prince Napoléon au Sénat, « il est temps, dit M. Keller, de désavouer
ce langage malheureux auquel une dépêche ministérielle a donné une aussi grave, une aussi regrettable
importance, ce langage venu de si haut, ce langage
qui a trouvé de si nombreux et de si puissants échos,
ce langage qui rappelle celui des plus mauvais jours,
et qui répond à la logique des événements comme au
frémissement des passions révolutionnaires qui fermen-
tent dans le monde entier... Il est temps, non pas de

vouloir la guerre, mais de vouloir la paix, il est temps de regarder la Révolution en face et de lui dire : Tu n'iras pas plus loin ! Cette pensée, ce n'est pas celle d'un adversaire, c'est la pensée d'un homme sincèrement dévoué à trois choses qu'il vous adjure de ne pas séparer, parce que de leur union dépendent la paix et la grandeur des nations, c'est la pensée d'un homme dévoué à son pays, au gouvernement et à sa conscience ».

Le ministre sans portefeuille, M. Billault, ne vit pas sans une surprise mêlée de tristesse l'effet que produisait le discours de M. Keller, auquel il répondit. « Si, au moment de la promulgation du décret du 24 novembre, s'écria-t-il avec un sentiment d'inquiétude pour l'avenir, on était venu vous dire que vous entendriez dans cette enceinte toutes les accusations qui y retentissent contre la politique de l'Empereur, vous l'eussiez cru impossible... Il eût donc fallu que le gouvernement de l'Empereur se fît, à la place de l'Autriche, l'oppresseur des populations qui s'étaient affranchies à l'ombre de notre drapeau !... Quand l'Europe lira nos débats, elle qui apprécie si bien la sagesse calme et loyalement pacifique de notre politique, elle ne comprendra guère que les députés de la France voient si peu de près ce qu'elle voit si bien de loin ».

Après la discussion générale sur le projet d'adresse, on en vint à la discussion des divers paragraphes. Celui sur lequel s'engagea la lutte la plus sérieuse était ainsi conçu : « Les documents diplomatiques et le dernier envoi de troupes à Rome dans une circonstance critique ont prouvé au monde entier que vos constants efforts ont assuré à la Papauté sa sécurité et son indépendance et ont sauvegardé sa souveraineté temporelle, autant que l'ont permis la force des choses et la *résistance à de sages conseils* ».

Le parti démocratique et le parti catholique apportèrent chacun leur amendement. L'un s'appuyant sur le principe de non-intervention, demandait l'évacuation immédiate de Rome par les troupes françaises ; l'autre proposait une rédaction plus nette pour garantir le pouvoir temporel du Saint-Siège, et désirait que l'on s'abstint de toute expression de blâme à l'égard du Pape.

Dans la séance du 21 mars, M. Jules Favre défendit l'amendement des *Cinq*, qui était ainsi libellé : « L'heure est venue d'appliquer à Rome les sages principes de non-intervention, et de laisser, par le retrait immédiat de nos troupes, l'Italie maîtresse de ses destinées ». L'orateur termina son discours par cette phrase : « Ce n'est pas à l'épée de la France que je fais appel, c'est à sa justice ; je lui demande de faire cesser une action qui est une oppression pour la volonté nationale italienne ». Le lendemain, l'amendement des *Cinq*, mis aux voix, n'obtenait d'autres suffrages que ceux de ses cinq auteurs, et le parti catholique fit de grands efforts pour que les mots *résistance à de sages conseils* furent supprimés. Le président du Corps législatif, M. de Morny, crut devoir prendre la parole pour les faire maintenir. Il y réussit, mais l'amendement qui en réclamait le retranchement eut une minorité imposante : 91 voix contre 126. Ainsi se termina la discussion de l'adresse, qui dura onze séances. Jusque là, il y avait eu qu'une opposition de gauche, celle des *Cinq* ; désormais, il y en avait une autre, celle de droite.

Le 23 mars, l'adresse du Corps législatif fut remise à l'Empereur dans la salle du Trône, aux Tuileries. Elle contenait de chaleureuses protestations de dévouement au souverain et à la dynastie. « Je remercie la Chambre, dit Napoléon III, des sentiments qu'elle m'exprime et de la confiance qu'elle met en moi. Si cette confiance m'honore et me flatte, je m'en crois digne par ma constante sollicitude à n'envisager les questions que sur le point de vue des véritables intérêts de la France. Être de son époque, conserver au passé tout ce qu'il avait de bon, préparer l'avenir en dégageant la marche de la civilisation des préjugés qui l'entravent et des utopies qui la compromettent, voilà comment nous léguerons à nos enfants des jours calmes et pros-pères.

« Malgré la vivacité de la discussion, je ne regrette nullement de voir les grands corps de l'État aborder les questions si difficiles de la politique extérieure. Le pays en profite sous bien des rapports. Ces débats l'instruisent sans pouvoir l'inquiéter. Je serai toujours heureux, croyez-le bien, de me trouver d'accord avec vous. Issus du même suffrage, guidés par les mêmes sentiments, aidons-nous mutuellement à concourir à la grandeur et à la prospérité de la France ».

Malgré l'optimisme du souverain, il régnait dans les sphères officielles une réelle inquiétude. Les partisans de l'Empire autoritaire, les hommes aux yeux desquels la constitution de 1852 était le *nec plus ultra* de la pré-voyance et de la sagesse, prédisaient que le décret du 24 novembre ne profiterait qu'aux anciens partis, et que les germes d'opposition dont on venait de constater l'existence ne tarderaient pas à se développer dans des proportions redoutables pour l'Empereur et pour sa dynastie.

XII

LE TOMBEAU DE NAPOLÉON

Le 2 avril, une cérémonie imposante eut lieu aux Invalides. Napoléon Ier, pour nous servir d'une expression de Bossuet, ne « jouissait pas encore de son sépulcre ». Depuis le 15 décembre 1840, ses restes mortels étaient déposés provisoirement dans une des chapelles de l'église, la chapelle Saint-Jérôme. Il avait fallu plus de vingt ans pour que son tombeau définitif fût achevé.

Œuvre de l'architecte Louis Visconti, qui le commença, mais mourut avant de l'avoir terminé, c'est le monument funèbre le plus grandiose, le plus épique, le plus majestueux qui existe dans le monde entier. Le dôme des Invalides, sous lequel il se trouve placé, en est comme le sommet gigantesque. Il est entouré d'une crypte circulaire, ouverte dans le haut, dont l'entrée est derrière le maître-autel. Au-dessus de la porte on lit les mots empruntés au testament de l'empereur : « Je désire que mes cendres reposent sur les bords de la Seine, au milieu de ce peuple français que j'ai tant aimé ». L'entrée est flanquée de deux sarcophages qui portent deux noms pour unique décora-

tion, ceux de Duroc et de Bertrand, tous deux maré-
chaux du palais. Les parois de la crypte en granit sont
décorées de bas-reliefs en marbre par Simart : Rétablissement de l'ordre. Concordat. Réforme de l'administration. Conseil d'état. Code. Université. Cour des
comptes. Développement du commerce et de l'industrie. Travaux publics. Légion d'honneur. Entre ces
bas-reliefs apparaissent douze figures colossales, œuvres du sculpteur Pradier, qui symbolisent les principales victoires de l'Empereur. Au milieu d'une couronne de lauriers incrustée sur le pavé de la crypte,
on aperçoit, fait d'un seul bloc de grès rougeâtre de
Finlande, le sarcophage où vont reposer les cendres
du vainqueur d'Austerlitz.

L'Empereur, l'Impératrice et le Prince Impérial
arrivent au dôme par la grille de la place Vauban.
Les invalides en grande tenue forment la haie de chaque côté du mur. Des cent-gardes entourent le cercueil
pendant qu'on le transporte de la chapelle Saint-Jérôme à la crypte. Il est suivi par le maréchal Vaillant,
le maréchal Magnan et l'amiral Hamelin. Le premier
porte l'épée d'Austerlitz, le second les insignes de la
Légion d'honneur, le troisième le chapeau que l'Empereur avait à la bataille d'Eylau. Le cardinal Morlot,
grand aumônier, archevêque de Paris, procède, assisté
par le clergé de la chapelle impériale et par celui de
l'église des Invalides, à la levée du corps, à la bénédiction du tombeau et à l'absoute. L'Empereur, l'Impératrice, le Prince Impérial descendent dans la crypte,
et jettent l'eau bénite sur le cercueil qui est ensuite
déposé dans le sarcophage.

Le gouverneur de l'hôtel des Invalides est un des
plus glorieux vétérans du premier Empire : le général comte d'Ornano. Issu d'une ancienne famille corse,
il est né à Ajaccio, le 17 janvier 1784. Entré au ser-

vice à seize ans, il a pris part à la seconde campagne d'Italie, à l'expédition de Saint-Domingue, aux grandes guerres de l'épopée impériale. Partout et toujours il s'est distingué par son courage et ses hautes capacités militaires. C'est en 1812, deux jours avant la bataille de La Moskowa, qu'il a reçu les trois étoiles ; il est doyen des généraux de division en activité. A l'issue de la cérémonie, le général, entouré de ses vieux compagnons d'armes, voit Napoléon III s'approcher de lui et lui remettre la récompense d'une carrière aussi longue que bien remplie : le bâton de maréchal de France.

Le lendemain, 3 avril, M. Doudan écrivait à M. Paul de Broglie : « On vit ici comme si le monde ne tremblait pas sur ses bases. On vient de mettre le premier Empereur dans son grand tombeau. Voilà vingt ans que M. le prince de Joinville l'a rapporté du fond des mers. Il attendait depuis lors dans une chapelle provisoire, et ces vingt ans lui auront passé, sans doute, comme un moment. Que pensait-il, durant ces jours, de tous ces bruits d'un monde nouveau qui venaient jusqu'aux murs des Invalides ? En sa qualité de grand mécanicien, je suis sûr qu'il se dit que tout cela n'est pas en équilibre ».

En somme, la cérémonie du 2 avril s'était passée avec simplicité, et elle aurait pu donner lieu à beaucoup plus de pompe et d'apparat. Le *Moniteur* disait que « la nation tout entière était là de cœur, représentée par ces vétérans de toutes nos guerres depuis les Pyramides jusqu'à Solférino ». Mais le nombre des invitations avait été restreint. Les grands personnages de l'Empire avaient seuls été convoqués, et aucun déploiement de troupes ne s'était effectué autour de l'hôtel des Invalides.

On peut affirmer que la solennité aurait eu un bien

plus grand éclat si elle avait eu lieu sous le règne de Louis-Philippe. Chose curieuse à remarquer, le premier Empire fut moins à la mode sous le second que sous la monarchie de Juillet. Un Bourbon, un ancien émigré, cousin du duc d'Enghien, mari d'une nièce de Marie-Antoinette, avait été le principal propagateur de la légende napoléonienne. Ses ministres ne comprenaient pas, en 1840, que c'était une imprudence de traiter Napoléon Ier comme un demi-dieu, tandis que le futur Napoléon III était emprisonné dans le fort de Ham. Les fils du roi-citoyen avaient tous lu les *Victoires et Conquêtes*, assisté aux pièces du Cirque, chanté les chansons de Béranger, écouté avidement les récits des acteurs, obscurs ou illustres, de l'épopée impériale. C'est le gouvernement de Juillet qui avait remis la statue de Napoléon sur la colonne Vendôme, recueilli ses cendres aux Invalides, couvert de la vivante image de ses exploits les murs du palais de Versailles. Moins de quinze jours après la cérémonie du 2 avril 1861, le duc d'Aumale devait en faire la remarque dans une brochure dont nous allons parler.

XIII

LA BROCHURE DU DUC D'AUMALE

Le 14 avril, M. Thouvenel avait passé sa matinée aux Lazaristes, où l'on célébrait l'anniversaire de la translation des reliques de saint Vincent de Paul. En rentrant chez lui il trouva une convocation pour se rendre dans la journée, aux Tuileries, à un conseil extraordinaire des ministres. Il s'agissait de prendre un parti relativement à une brochure publiée par le duc d'Aumale en réponse au discours prononcé par le prince Napoléon, le 1er mars.

Le même jour, le prince avait adressé à l'Empereur la lettre suivante : « Sire, le duc d'Aumale a publié une brochure en réponse à un discours que j'ai prononcé au Sénat, il y a quelques semaines. Le parquet a cru y voir un délit contre les lois et une attaque à votre gouvernement. Ne s'inspirant que du droit commun, il a saisi et déféré cette publication aux tribunaux. C'était son devoir. J'ai vu hier M. le ministre de l'Intérieur pour le prier de trancher par une mesure exceptionnelle une situation exceptionnelle. Je suis attaqué dans l'écrit du prince d'Orléans, c'est un motif de plus pour moi d'insister auprès de Votre Majesté afin d'arrêter les poursuites. Etouffer n'est pas répondre. Je vous supplie, Sire, de laisser circuler librement la réponse du duc d'Aumale, certain que le patriotisme de la France jugera ce pamphlet comme il mérite de l'être, et que le bon sens du peuple fera justice de cette soi-disant leçon d'histoire, qui n'est qu'un manifeste orléaniste ».

On ne tint pas compte de la lettre du prince Napoléon. Le conseil des ministres décida que la saisie et les poursuites seraient maintenues. L'éditeur et l'imprimeur furent condamnés, le premier à un an de prison et à 5,000 francs d'amende, le second à la même amende et à six mois de prison.

La brochure qui excitait dans les sphères officielles une émotion si vive avait pour titre : *Lettre sur l'Histoire de France adressée au Prince Napoléon*; pour signature: Henri d'Orléans; pour date : le 15 mars 1861. Elle commençait ainsi : « Prince, dans un discours que vous venez de prononcer, et qui a diversement ému vos auditeurs et vos lecteurs, vous avez remercié MM. Troplong et de Persigny des leçons d'histoire romaine et d'histoire de l'Angleterre qu'ils avaient bien voulu donner à notre pays, et dont vous aviez fait votre profit. Je voudrais ajouter à cet enseignement quelques mots sur l'histoire de France.

« Pendant que le chef de votre dynastie (j'emprunte ses propres paroles) expiait à Ham, par un emprisonnement de six années, sa témérité contre les lois de sa patrie, il usait sans entrave de ses droits de citoyen, et critiquait librement, dans les journaux, le gouvernement régulier qu'il avait commencé par attaquer à force ouverte.

« Ma situation est bien différente, et je ne réclame pas de tels privilèges. Exilé de mon pays sans avoir violé aucune loi, sans avoir mérité mon sort par aucune faute, je ne suis connu de la France que pour avoir été élevé sous son drapeau et l'avoir fidèlement servie jusqu'au jour où j'en ai été violemment séparé. Mais cet exil m'a-t-il fait perdre le droit le plus naturel, le plus sacré de tous, celui de défendre ma famille publiquement outragée, et, avec elle, le passé de la France? »

La défense du duc d'Aumale était certainement aussi vigoureuse que les attaques du prince Napoléon. Après avoir exalté la mémoire de son père, le fils du roi Louis-Philippe ajoutait avec une amère ironie : « Ah ! quand vous pensez à la révolution de février, je conçois votre colère. Si elle eût éclaté quelques mois plus tard, elle eût trouvé votre père à la Chambre des Pairs, pourvu d'une bonne dotation reversible sur votre tête. Auriez-vous, par hasard, oublié les démarches faites par le roi Jérôme et par vous, leur heureux succès en 1847, la faveur qui vous fut accordée de rentrer en France, d'où la loi vous bannissait, et l'accueil plein de bienveillance qui vous fut fait à Saint-Cloud? Mais, parmi les huissiers qui remplissent l'antichambre de l'Empereur, vous pourriez reconnaître celui qui vous introduisit dans le cabinet de Louis-Philippe, lorsque vous veniez le remercier de ses bontés et en solliciter de nouvelles ».

Aux attaques dirigées contre sa grand'mère, la reine de Naples Marie-Caroline, le duc d'Aumale répondait ainsi : « Je ne vous rappellerai pas les recommandations sanguinaires qu'on peut lire à chaque page du tome second des *Mémoires du Roi Joseph*, bien qu'il s'agisse ici de documents authentiques publiés par votre aide de camp, et non de vagues calomnies, comme les raffinements de cruauté que vous reprochez à la reine Caroline. Je ne veux pas exagérer la portée des citations

que je pourrais faire ; je suis convaincu qu'en cherchant à stimuler l'énergie de son frère, l'empereur
outrepassait sa propre pensée, et je ne puis croire
qu'il entendit réellement prescrire tant d'incendies, de
confiscations et de massacres ».

Le prince Napoléon avait parlé des milliers de suspects, *attendibili*, enfermés dans les prisons napolitai-
nes sous le règne de Ferdinand II. Le duc d'Aumale
répliquait : « C'est peut-être la faute du vieux sang
français qui coule dans mes veines, mais de même,
prince, que les *attendibili* de Naples excitent votre indignation et votre pitié, je ne puis penser sans la plus
vive douleur qu'au moment où j'écris un Français
peut être arraché sans jugement à sa famille, à ses
amis, pour mourir dans une captivité lointaine ! Que
dis-je ? sans jugement ! c'est un secret qu'il faut dire,
et sans qu'une simple mention du *Moniteur* apprenne
à tous qu'une décision administrative vient de retran-
cher sommairement un citoyen de la patrie ».

Le fils du roi Louis-Philippe se livrait à des critiques acerbes contre le coup d'État du 2 Décembre,
contre l'emprisonnement du général de Lamoricière,
contre les errements adoptés par Napoléon III en Italie, contre le général piémontais qui, « venant de complimenter l'Empereur en Savoie, accourait de Cham-
béry, la main encore chaude de l'étreinte du chef de
l'État, pour écraser cette poignée de Français autorisés par lui à défendre les États du Pape ». Après avoir
représenté la politique impériale comme une politique
à double face, l'auteur de la brochure s'écriait : « Et
c'est pour jouer un rôle dans cette comédie, à la face
de l'Europe, que vous avez rendu la parole aux députés de la France ! Mieux valait laisser par terre,
comme vous l'avez fait depuis dix ans, les débris de

la tribune brisée sous la main un instant égarée de vos soldats » !

Le duc d'Aumale terminait ainsi : « Je m'arrête ; c'est une douleur inutilement ajoutée à celle de l'exil, que de fixer trop longtemps sa vue sur les maux et les dangers de son pays ; mais vous qui traitez avec l'arrogance de la bonne fortune, et avec l'injustice inhérente aux succès immérités, ces races antiques qui ont régné sur une nation généreuse, et qui, tour à tour rejetées et ramenées par le flot des révolutions, s'étaient enfin associées à sa liberté comme jadis à sa grandeur ; vous qui jouissez du fruit accumulé de tant de travaux, de tant de sagesse et de tant de gloire, et qui la mettez tous les jours en péril, sachez bien que si vous ne sortez pas des mauvaises voies où vous êtes si profondément engagés, ce n'est pas aux Bourbons, ni aux d'Orléans auxquels on n'a jamais pu du moins adresser un tel reproche ; c'est à vous et aux vôtres qu'on pourrait alors renvoyer les paroles de votre oncle au Directoire : « Qu'avez-vous fait de la France » ?

La brochure du duc d'Aumale ne fut point approuvée sans réserves par les légitimistes, parce que la révolution de Juillet y était qualifiée de « la plus pure de toutes nos révolutions ». Mais elle fut accueillie avec enthousiasme par tous les orléanistes et par un très grand nombre de républicains. Les poursuites auxquelles elle donna lieu n'eurent d'autre résultat que d'en accroître le retentissement.

M. Thouvenel écrivait au duc de Gramont, le 14 avril : « Quelques amis du prince Napoléon le poussent à offrir un duel au duc d'Aumale. Nous allons voir ce qui résultera de cet *imbroglio*, mais je doute qu'il en sorte du rang ».

Aujourd'hui, grâce à Dieu, les passions se sont bien calmées. Je me souviens d'avoir eu l'honneur d'assister à un déjeuner que le duc d'Aumale donnait, à Chantilly, en l'honneur de la sœur du prince Napoléon, la princesse Mathilde. Le duc, qui avait pour la princesse une affectueuse admiration, lui a légué par testament un souvenir. On m'a raconté qu'un jour où l'illustre propriétaire du château de Chantilly venait de recevoir à sa table, avec une extrême courtoisie, la belle princesse Lætitia, duchesse d'Aoste, fille du prince Napoléon, il murmura, en souriant : « Et dire que je voulais me battre avec son père, et que je l'attendis plusieurs jours à Genève, dans l'espoir d'aller me rencontrer avec lui sur le pré » !

XIV

Les sombres prédictions du duc d'Aumale ne se seraient pas réalisées si Napoléon III était resté fidèle à la combinaison qui lui avait valu depuis deux ans tous ses succès. Tant qu'il pouvait compter sur le concours du tsar, il n'avait rien à craindre de personne, et restait le *leader* de la politique européenne. Malheureusement, il devait abandonner, en 1863, l'alliance russe. La question polonaise allait se dresser devant lui, et amener dans sa diplomatie un changement d'orientation qui devait le perdre.

Le principe des nationalités, dont le vainqueur de Magenta et de Solférino était l'apôtre, pouvait être difficilement localisé en Italie. La force des choses allait le propager dans d'autres régions. Napoléon III, si sensible au cri de douleur, *grido di dolore*, de Milan et de Venise, pouvait-il rester sourd aux lamentations de Varsovie ? Sa situation était fausse. D'une part, il comprenait très bien que le réveil de la nationalité polonaise était la conséquence de la guerre d'Italie ; de l'autre, il reconnaissait qu'une brouille avec la Russie serait pour la France le plus grand danger.

En 1861, il espérait encore qu'une crise pourrait être évitée en Pologne, et ses relations avec l'empereur Alexandre II continuaient à être excellentes.

Le tsar venait d'accomplir une des plus grandes réformes des temps modernes : l'émancipation des serfs. En un seul jour, il avait affranchi vingt-trois millions de ses sujets. « Maintenant, peuple pieux et fidèle, disait-il dans l'ukase du 3 mars, fais sur ton front le signe sacré de la croix, et joins tes prières aux nôtres pour appeler la bénédiction du Très-Haut sur ton premier travail libre, gage assuré de ton bien-être et de la prospérité de la patrie ». Napoléon III connaissait les difficultés que l'esprit de routine et d'égoïsme oppose dans tout pays à la mise en vigueur des réformes nécessaires et des pensées fécondes. Il avait admiré la magnanime résolution du tsar, et faisait des vœux pour le voir mener à bonne fin sa grande œuvre. Il ne désirait pas moins sincèrement une conciliation entre la Pologne et la Russie.

Depuis 1860, un mouvement national se produisait à Varsovie. Il commença par des services religieux célébrés pour honorer la mémoire des poètes Mickiewicz, Krasinski, Slovaçki. Le 29 novembre, on avait entendu pour la première fois un chant religieux qui, pendant un an, allait retentir dans toute la Pologne, *Boze cos Polske* : « Rends-nous la patrie, Seigneur : rends-nous la liberté ». Le 25 février 1861 était l'anniversaire de la bataille de Grochow, où, trente années auparavant, les Polonais avaient pendant trois jours disputé la victoire aux Russes. Cet anniversaire fût l'occasion d'une manifestation imposante à Varsovie. Un immense cortège, précédé d'un drapeau à l'aigle blanc, chantait le nouvel hymne national, quand tout à coup le chef de la police lança deux escadrons de gendarmerie sur la foule qui tomba à genoux, sans

cesser de chanter. Il y eut des morts et des blessés.
Le gouverneur de Varsovie était alors le prince Michel
Gortchakoff, l'héroïque défenseur de Sébastopol.
Animé d'intentions conciliantes, il regretta vivement
ce qui venait de se passer, et chercha à calmer la po-
pulation.

On pouvait encore espérer une entente entre les
Russes et les Polonais. Une pétition, signée par l'archevêque de Varsovie, demanda que l'Église, la légis-
lature, l'enseignement public du pays ne fussent plus
privés du sceau de son génie national et de ses traditions historiques. La Pologne ne voulait pas une révolution ; elle ne revendiquait même pas les libertés que
l'empereur Alexandre 1er avait, malgré les résistances
de la réaction européenne, fait inscrire dans l'article
1er des traités de 1813, et qu'elle avait perdues depuis
l'insurrection de 1831. Elle se bornait à déposer aux
pieds du souverain « l'expression de sa douleur et de
ses fervents désirs, et, confiante dans les sentiments
de justice et de haute équité du tsar, elle en appelait
à sa magnanimité ». La réponse d'Alexandre II fut la
preuve de ses idées généreuses. Il fit préparer des réformes. Un conseil d'État, composé exclusivement de
Polonais, fut organisé, et des conseils municipaux
électifs s'établirent dans toutes les villes du royaume.

Un Polonais, qui est à la fois un écrivain de premier
ordre et un véritable patriote, M. Julien Klaczko, a
dit dans son livre intitulé *Deux Chanceliers* : « Les
préceptes de la plus vulgaire sagesse, l'intérêt de la
conservation, les leçons effroyables du passé, tout
devait conseiller aux Polonais de profiter des bonnes
dispositions de leur souverain, de mettre à l'épreuve
les institutions accordées, d'accepter avec empressement la main qu'on leur tendait. Tout le leur conseil-
lait ; mais ils pliaient sous l'anathème que les saintes

Écritures ont dès longtemps prononcé contre tout royaume qui se laisse guider par des femmes et des enfants. Les femmes et la jeunesse des écoles résolurent de continuer les manifestations... La démagogie européenne eut hâte de transporter sur un terrain si bouleversé ses emblèmes, ses mots de désordres, ses sociétés secrètes... Le grand parti conservateur se montra pusillanime là comme partout, comme toujours, et, en voulant sauver sa popularité, il perdit toute une population ».

M. Julien Klaczko ajoute ces paroles bien curieuses dans la bouche d'un des plus éminents défenseurs de la cause polonaise : « La criminelle folie d'une nation ne devait être égalée que par l'étourderie non moins coupable que mit l'Europe à l'encourager et à l'attiser. Après n'avoir pas osé toucher à la question polonaise pendant la guerre de Crimée, elle crut opportun de sympathiser, de badiner avec elle dans le moment le plus intempestif et le plus désespéré. Lord John Russel fut le premier à entrer en lice. Il est juste de reconnaître que le gouvernement français hésita longtemps avant de s'engager dans une voie aussi périlleuse. Il persévéra dans une attitude sensée et amicale pour le tsar pendant les années 1861 et 1862 ».

Napoléon III était alors parfaitement renseigné sur les affaires polonaises par son ambassadeur en Russie, le duc de Montebello, fils aîné de l'illustre maréchal. Le duc, esprit très distingué, appartenait à l'ancienne école diplomatique, et voyait avec appréhension les tendances nouvelles. Partisan du Pape et du roi de Naples, il considérait l'unité italienne comme un grand danger pour la France. Sa persuasion était qu'une brouille avec la Russie amènerait des catastrophes irréparables ; que les Polonais étaient dans l'impossibilité de lutter par les armes contre les Russes, et que leur sort ne pouvait être amélioré que par le bon vouloir du tsar.

Le duc de Montebello avait à Saint-Pétersbourg une situation prépondérante dans le Corps diplomatique. L'empereur Alexandre II lui témoignait une sympathie exceptionnelle. Souvent, se promenant à pied, comme un simple particulier, le souverain venait à l'improviste à l'ambassade de France, et causait familièrement avec le représentant de Napoléon III.

Le duc avait sous ses ordres un personnel composé de futurs ambassadeurs. M. Fournier, premier secrétaire, est devenu ambassadeur près du roi d'Italie, puis auprès du sultan ; le baron Baude, second secrétaire, ambassadeur près du Saint-Siège ; le baron de Courcel, troisième secrétaire, ambassadeur à Berlin, puis à Londres ; le comte Gustave de Montebello, attaché, occupe sous la République le poste que son père occupait sous l'Empire ; il est ambassadeur de France en Russie.

Chargé, en 1860, de porter des dépêches à Saint-Pétersbourg, je logeai pendant quelques jours à l'ambassade et je me souviens de ce qui s'y disait. On y parlait beaucoup du ministre de Prusse, M. de Bismarck, qui passait alors pour un ami de la Russie et de la France. Le diplomate prussien racontait à qui voulait l'entendre les projets de remaniements territoriaux qu'il accomplirait, disait-il, de concert avec Napoléon III et avec le tsar. Très lié avec le duc de Montebello, il chassait souvent avec lui, et passait constamment la soirée dans l'intimité à l'ambassade de France. Ne pouvant s'imaginer que Napoléon III aurait l'imprudence de se brouiller avec la Russie, il basait ses plans sur une continuation de l'entente franco-russe ; on l'aurait étonné si on lui avait prédit les cartes magnifiques et véritablement inespérées que la question polonaise devait lui mettre en main.

Le général comte Kisseleff, militaire et diplomate d'une grande valeur, était, en 1861, l'ambassadeur du tsar en France. Très apprécié et très aimé à la cour des Tuileries, il recevait de l'Empereur et de l'Impératrice l'accueil le plus flatteur, et rien ne pouvait lui faire supposer que la France encouragerait une insurrection polonaise. Napoléon III semblait avoir oublié le temps où le mouvement de 1831 le passionnait, et se rappelait plus volontiers qu'en 1829 il avait voulu s'enrôler sous le drapeau russe pour guerroyer contre les Turcs. « Je désire tellement faire cette campagne, avait-il écrit alors à son père, que si vous ne me donniez pas votre consentement et votre bénédiction avant de partir, je mourrais de chagrin ».

L'alliance russe ne semblait pas encore compromise en 1861. Les journaux officieux de Paris ne donnaient à la Pologne que de sages conseils. La société agricole de Varsovie ayant été dissoute le 1er avril, le 8 la ville avait été le théâtre de scènes pathétiques et douloureuses. La troupe fit feu contre la foule sans armes, qui priait et chantait le cantique national. Malgré cet incident si pénible, le gouvernement français ne voulait pas faire espérer à la Pologne un appui qu'il ne pouvait pas lui prêter. Sur la demande du comte Kisseleff, le *Moniteur* du 23 avril publia une note ainsi conçue : « Les événements de Varsovie ont été unanimement appréciés par la presse française avec les sentiments de sympathie traditionnelle que la Pologne a toujours éveillés dans l'occident de l'Europe. Ces témoignages d'intérêt serviraient mal la cause à laquelle ils s'adressent s'ils avaient pour effet d'égarer l'opinion publique en laissant supposer que le gouvernement de l'Empereur encourage des espérances qu'il ne pourrait satisfaire. Les idées généreuses dont l'empereur Alexandre n'a cessé de se montrer animé depuis son avènement au trône, et qu'atteste si hautement la grande mesure de l'émancipation des paysans, sont un gage certain de réaliser aussi les améliorations que comporte l'état de la Pologne, et il faut faire des vœux pour qu'il n'en soit pas empêché par des manifestations de nature à mettre la dignité et les intérêts politiques de l'empire russe en antagonisme avec les dispositions de son souverain ».

Ce programme était la sagesse même. Si rien n'y avait été modifié, que de malheurs eussent été épargnés non seulement à la Pologne, mais à la France !

Les affaires polonaises ne devaient, d'ailleurs, être funestes à Napoléon III que deux ans plus tard. En avril 1861, elles ne lui causaient pas encore de sérieuses difficultés. A ce moment, c'étaient les affaires d'Italie qui le préoccupaient le plus. L'antagonisme violent de Garibaldi et du comte de Cavour venait compliquer encore la situation déjà si troublée de la péninsule.

XV

Le 14 mars 1861, à Turin, la Chambre des députés avait voté à l'unanimité cette résolution : « Le roi Victor-Emmanuel prend pour lui et pour ses successeurs le titre de roi d'Italie ». Le 25, M. de Cavour avait déclaré à la Chambre que, sans Rome capitale, l'Italie ne pouvait se constituer, mais il avait ajouté qu'on ne devait aller à Rome que d'accord avec la France. La réserve ainsi faite exaspérait les révolutionnaires. Garibaldi le reprochait amèrement au ministère, et réclamait impérieusement trois choses : le maintien de l'armée des volontaires, l'armement général de la nation, l'attaque contre l'empereur d'Autriche et contre le Pape.

M. Emile Ollivier a dit dans son livre magistral *Napoléon III et Cavour* : « On a beau faire de la révolution, on ne désarme pas les révolutionnaires ; elle n'est bonne que si elle est opérée de leurs mains et s'ils en profitent ; derrière leurs idées, il y a leurs appétits qui ne leur sont pas moins chers ; de plus, dès qu'on leur refuse quoi que ce soit, c'est comme si on ne leur accordait rien. Cavour en fit l'expérience. Ses discours sur Rome capitale ne le sauvèrent point des colères qui s'amassaient dans la poitrine de Garibaldi à Caprera. Il en sortit furibond au printemps. Ne trouvant pas à Gênes le millier de volontaires auxquels il avait donné rendez-vous, et ne pouvant partir en guerre contre Venise et contre Rome, il vint à Turin guerroyer contre l'infâme Cavour ». A ses yeux le gouvernement était composé de lâches, et le roi marchait à sa ruine en se confiant à des conseillers indignes.

Le 18 avril, le célèbre condottiere, qui, depuis l'ouverture de la session, n'avait pas encore paru à la Chambre des députés, y fit une entrée sensationnelle. Une grande foule stationnait devant le palais Carignan, guettant son arrivée. Les postes militaires avaient été doublés partout.

Ecoutons le comte d'Ideville qui assistait à la séance : « Tout à coup un tonnerre d'applaudissements et des cris partis des tribunes publiques annonça la présence du grand homme. Une petite porte, cachée dans le mur, et placée derrière les gradins les plus élevés de la gauche, s'ouvrit pour lui laisser passage. Il apparut revêtu du costume traditionnel ; et l'immortelle chemise rouge, recouverte d'une sorte de manteau gris, en forme de chasuble ou *poncho* mexicain, lui donnait la physionomie d'un prophète, ou, si l'on préfère, d'un vieux comédien. Tous les députés, sauf une quinzaine de membres de la gauche, restèrent assis, et attendirent patiemment pendant quatre ou cinq minutes la fin des hourras. La froideur silencieuse de la Chambre formait un singulier contraste avec les acclamations des tribunes, lesquelles, à vrai dire, ne contenaient aucun Turinois ».

Garibaldi prêta le serment de député. Puis on engagea le débat relatif à l'armée méridionale et à l'armement de la nation. Après un discours du général Fanti sur la nécessité d'unifier l'armée nationale et de ne point faire aux Garibaldiens une situation exceptionnelle, le conquérant des Deux-Siciles prit la parole.

Garibaldi commence par lire son discours. Il le lit très mal, et ne produit pas d'effet. Tout à coup il se débarrasse des feuillets qui le gênent, et, cessant de lire, il improvise. « Puis-je, s'écrie-t-il avec fureur, serrer la main de celui qui m'a fait étranger dans mon pays ?... Notre gloire n'a été obscurcie que quand ce ministère a étendu sur le Midi sa froide et malfaisante main ». M. de Cavour se lève, et prononce quelques mots avec chaleur au milieu des cris : A l'ordre ! à l'ordre !

Garibaldi reprend : « Je crois avoir, par trente ans de services, acquis le droit de dire la vérité aux représentants du pays... Quand l'amour de la concorde et l'horreur d'une guerre fratricide...

M. de Cavour (avec animation). — « Personne n'a voulu la guerre civile. Je ne puis laisser passer ces paroles ».

Le bruit devient excessif. Augmenté par les applaudissements et le vacarme des tribunes, le tumulte est à son comble. Un député de la gauche vient menacer du poing M. de Cavour. Plusieurs députés saisissent l'énergumène par le bras et l'éloignent de force. Le président, M. Rattazzi, se couvre, et s'esquive de son fauteuil.

Après un quart d'heure d'interruption, Garibaldi accuse le ministère d'avoir abreuvé de dégoûts l'armée méridionale, afin de la dissoudre plus facilement. Il déclare qu'à tant de maux on ne peut trouver qu'un remède, l'armement du pays en commençant par la réorganisation de l'armée méridionale.

Le général Bixio. — Je parle au nom de la concorde. Je

crois à la sainteté des sentiments qui ont guidé Garibaldi, mais je crois aussi au patriotisme de M. de Cavour. Pour voir M. de Cavour, le général Garibaldi, M. Rattazzi se serrer la main, je me sacrifierais avec toute ma famille. J'engage M. de Cavour à ne pas s'arrêter aux paroles de Garibaldi.

M. de Cavour. — J'accepte pour ma part l'invitation du général Bixio et je regarde la première partie de la séance comme non avenue.

Garibaldi redemande la parole. On s'imagine que, touché de la générosité du premier ministre, il acceptera la main si noblement tendue. Point du tout. Il recommence ses récriminations, et, à l'issue de la séance, il est tumultueusement accompagné jusque chez lui par ceux de ses partisans qui avaient encombré les tribunes.

La discussion dura deux jours encore, et la Chambre finit par voter, par 104 voix contre 77, un ordre du jour de confiance pour le ministère.

Le 21 avril, au moment même où se terminait ces orageux débats, le général Cialdini, avec l'impétuosité de son caractère, écrivit à Garibaldi une lettre violente et la rendit publique. Il lui reprochait d'avoir tenu un langage séditieux aux ouvriers de Milan, de se mettre au niveau de son souverain, en parlant du roi avec la familiarité affectée d'un camarade, de se placer au-dessus des usages en se présentant à la Chambre dans un costume étrange, au-dessus du gouvernement en qualifiant les ministres de traîtres, au-dessus de l'Italie en voulant la pousser malgré elle dans les aventures. Le général Cialdini ajoutait : « Ennemi de toute tyrannie, qu'elle soit vêtue de noir ou de rouge, je combattrai la vôtre à outrance. Je n'ai pas mandat de parler au nom de l'armée ; mais je la connais et je suis convaincu qu'elle partagera le sentiment de dégoût et de colère que vos incartades et celles de votre parti ont soulevées dans mon âme ».

Garibaldi répondit : « Moi aussi j'ai été votre ami et votre admirateur ; aujourd'hui, je serai ce que vous voulez, sans descendre à me justifier. Je suis dans un pays libre où chacun peut se vêtir comme il l'entend... Si quelqu'un se trouve offensé de mes manières et de mes paroles, j'attends qu'il m'en demande satisfaction ».

On put croire un instant que les deux hommes qui s'étaient défiés allaient se battre en duel. Il n'en fut rien. Au moment où les deux officiers des deux armées échangeaient de nombreuses provocations, le roi crut devoir intervenir en personne. Il exigea une réconciliation telle quelle entre Garibaldi et le comte de Cavour. Presque en même temps un rapprochement plus cordial avait lieu chez M. Pallavicino entre l'ancien dictateur et le général Cialdini. Une commission composée de quatre ministériels et de quatre membres de l'opposition fut chargée d'examiner le projet d'armement national. Garibaldi, satisfait dans une certaine mesure, repartit silencieusement pour l'île de Caprera, et, voulant éviter toute démonstration, s'embarqua dans un village à trois lieues de Gênes.

Le comte d'Ideville écrivait alors : « Le moment de la lutte est retardé, voilà tout ; mais tôt ou tard, il faudra se mesurer... Je crois vraiment qu'à l'heure présente, Garibaldi, comme toujours, est de bonne foi, et qu'il est, à sa manière, dévoué à son pays. Mais c'est en cela même qu'il est plus dangereux ; ses audaces et les entreprises dont il menace le gouvernement sont d'autant plus à redouter que c'est au nom de l'indépendance et du patriotisme qu'il parle. Masaniello est encore dans sa toute-puissance ».

Les impatiences du solitaire de Caprera le reprenaient par intervalles. Il venait alors à Turin, parlant de soulever toute l'Italie. Mais on lui ménageait une entrevue secrète soit avec le roi, soit avec le comte de Cavour, et il repartait pour son île, confiant sans doute dans les promesses qui lui étaient faites mystérieusement pour un avenir prochain.

XVI

L'ÉVACUATION DE LA SYRIE

Pendant le mois de mai, l'attention publique se porta sur les affaires de Syrie. Les troupes françaises allaient évacuer cette région lointaine, où elles venaient d'accomplir si noblement une œuvre d'humanité et de civilisation. En récompense des sacrifices qu'elle s'était imposés avec tant de loyauté et de désintéressement, la France avait rencontré les défiances les plus injustes. Jamais le mauvais vouloir de l'Angleterre ne s'était plus clairement montré. C'est de Londres qu'étaient venus les principaux obstacles au plein succès d'une entreprise qui aurait dû réunir les sympathies et le concours moral de l'Europe entière.

La convention signée à Paris le 5 septembre 1860 avait fixé à six mois, c'est-à-dire au 5 mars 1861, le délai de l'occupation, et la France avait, pour ainsi dire, arraché à l'Angleterre et à la Turquie la convention additionnelle du 15 février par laquelle les puissances stipulèrent que la durée de l'occupation serait prolongée de trois mois, c'est-à-dire jusqu'au 5 juin.

Cependant, en Syrie, rien n'était encore fait. La

conférence européenne réunie à Beyrouth avait pour mission de s'entendre avec le commissaire extraordinaire du sultan, Fuad-Pacha, sur les mesures à prendre : 1º pour assurer la punition aux coupables ; 2º pour réparer les pertes éprouvées par les victimes ; 3º pour ramener la sécurité en Syrie ; 4º pour arriver à la réorganisation du pays. Par suite d'une mauvaise volonté de la Turquie appuyée par l'Angleterre, la conférence de Beyrouth n'avait encore obtenu aucun résultat.

Le commissaire anglais, lord Dufferin (celui qui a été sous la troisième République ambassadeur de la reine à Paris), était arrivé en Syrie animé des sentiments d'indignation que toute l'Europe éprouvait pour les crimes des Druses ; mais les souvenirs du protectorat exercé depuis vingt ans sur cette population au profit de l'influence anglaise, et l'unanimité avec laquelle se faisaient jour les sympathies de tous les Maronites pour la France, avaient modifié les premières impressions du commissaire. Les documents publiés par le *blue-book* montrent comment il s'était laissé successivement amener d'abord à chercher des circonstances atténuantes en faveur des Druses, puis à se préoccuper spécialement de leurs intérêts dans les plans qui étaient discutés pour l'organisation nouvelle de la montagne du Liban. Les tentatives de la société biblique pour implanter le protestantisme en Orient, particulièrement en Syrie, étant toujours demeurées infructueuses, et l'avenir dans ces contrées n'appartenant qu'aux catholiques grecs, l'Angleterre s'y était rangée du côté des musulmans contre les chrétiens.

Le 14 avril 1861, environ quatre cents Européens résidant à Beyrouth avaient adressé aux commissaires des grandes puissances une pétition pour signaler le

triste état de la Syrie et la crainte de voir s'y renouveler des massacres. Le 11 mai, le gouvernement russe,
dont l'attitude était aussi satisfaisante que celle du gouvernement britannique l'était peu, rappelait cette pétition dans une dépêche adressée à son ambassadeur en
France.

A Paris, un comité s'était formé, en faveur des chrétiens de Syrie, sous la présidence honoraire de l'archevêque, le cardinal Morlot, et avec le concours d'hommes
appartenant à toutes les opinions et aux différents
cultes : MM. Saint-Marc-Girardin, Cochin, Crémieux, les
Pères Pételot et Gratry de l'Oratoire, de Pressensé,
François Lenormant, Poujoulat, Antonin Lefèvre-Pon-
talis. Sous l'impulsion de ce comité, une pétition, couverte de nombreuses signatures, vint rappeler au Sénat
les dangers qu'à l'époque du *courban-beïram*, où le fanatisme musulman est toujours surexcité, l'évacuation
ferait courir aux chrétiens non seulement de la Syrie,
mais de la Turquie tout entière.

Le débat relatif à la pétition eut lieu au Sénat, le 15
mai. M. Billault donna lecture d'une dépêche en date
du 3, adressée par M. Thouvenel au marquis de Lavalette, ambassadeur de France à Constantinople. Il y
était dit : « Nous évacuerons la Syrie à la date fixée,
mais nous n'y procéderons qu'après avoir hautement
exprimé nos appréhensions, et en recommandant instamment à la Porte de prouver qu'elle dispose, ainsi
qu'elle l'a affirmé, des moyens nécessaires pour garantir les chrétiens contre le retour des calamités qu'ils
ont subies.

Après avoir concouru par des sacrifices que la France
ne regrettera pas, si les populations doivent en recueillir
le bénéfice, à rétablir l'ordre en Syrie, le gouvernement
de l'Empereur ne pourrait souffrir qu'elle fût le théâtre de nouveaux désastres... L'expiration même du ter-

me pendant lequel nous étions liés par des nécessités résultant d'un accord débattu et réglé avec les autres cabinets nous rend une entière liberté d'appréciation et de conduite. Nous serons donc les maîtres d'examiner, en dehors de toute spéculation spéciale, les événements qui viendraient à surgir en Syrie, et nous n'avons pas à dissimuler à la Porte que des traditions séculaires nous imposeraient le devoir de prêter aux chrétiens du Liban un appui efficace contre de nouvelles persécutions.

M. Billault prononça un éloquent et énergique discours. « Nous ne pouvons faire qu'une chose, s'écriat-il, c'est de prendre l'Europe à témoin de nos craintes, et de lui rappeler l'immense responsabilité qu'elle encourt. Je le dis donc nettement : nos soldats évacueront la Syrie. Ce n'est pas la France qui évacue ce malheureux pays, c'est l'Europe... Quant à nous, en même temps que les transports partent pour ramener nos troupes, des vaisseaux de guerre partiront avec eux, et une flotte sérieuse, commandée par l'amiral Le Barbier de Tinan, croisera sur les côtes de Syrie. (Marques générales de satisfaction.) Non seulement le littoral verra les flottes françaises prêtes à débarquer, s'il le faut, mais des montagnes mêmes du Liban ce drapeau sacré, qui en a protégé et en protégera les habitants, sera vu par tous. Tenez pour certain que, même à cette distance, il sera encore l'effroi des égorgeurs et la sauvegarde de ceux qu'on voudrait égorger ».

L'orateur déclara, en terminant, que le gouvernement de l'Empereur n'abdiquait aucun de ses droits, et n'oubliait aucun de ses devoirs envers l'humanité, la civilisation, la chrétienté. Cette énergique péroraison obtint l'assentiment de tous les sénateurs.

L'évacuation eut lieu à la date fixée. De tous les points de la montagne, les détachements français se concen-

trèrent vers Beyrouth, où tout le corps expéditionnaire
devait s'embarquer pour la France. Les populations
donnaient des marques touchantes d'affection et de douleur en voyant partir des soldats qui étaient pour elles
des protecteurs et des amis. A Deir-el-Kamar, presque
tous les habitants les escortèrent, en répétant qu'ils re-
nonçaient à leurs foyers, puisque l'uniforme français
n'était plus là pour les défendre. Fuad-Pacha et les
agents consulaires durent calmer, par des promesses
réitérées de vigilance, l'inquiétude qui était générale.

Le mot de Shakespeare : « Soldat français, soldat
de Dieu », avait été réalisé une fois de plus. On eut la
preuve que les vainqueurs de Sébastopol, de Magenta,
de Solférino, avaient autant de charité que de bravoure.
Bien souvent ils avaient partagé leur modeste nourri-
ture avec les pauvres qui manquaient de tout. Leur discipline et leur bonté les avaient fait aimer et admirer.

La France militaire et chrétienne s'était distinguée par
ses généreux efforts pour venir au secours de la Syrie
en détresse. Le *Comité des écoles d'Orient*, qui existait
depuis quelques années à Paris, s'était transformé en
comité de secours et avait recueilli d'abondantes au-
mônes. L'abbé Lavigerie (le futur cardinal), délégué
pour la répartition des subsides, avait parcouru toute
la montagne du Liban, où il était accueilli comme un
consolateur et un apôtre. Les œuvres de bienfaisance
et de relèvement moral et matériel étaient accomplies
par les religieuses françaises, les religieux français, les
résidents français. Les orphelins dont les parents avaient
été immolés pendant les massacres devenaient les enfants de la France. Les populations reconnaissantes
s'inclinaient devant les deux symboles protecteurs : la
croix et l'épée.

L'évacuation était terminée le 5 juin. Le 9, dans une
conférence tenue à Constantinople par Aali-Pacha et

les représentants des cinq grandes puissances, fut signé l'acte qui régla l'administration nouvelle du Liban. On décida que le gouverneur serait chrétien, que, nommé par le sultan pour une période de trois années, il serait en relations directes avec la Porte et ne relèverait plus du pacha de Beyrouth, enfin qu'il ne pourrait être révoqué qu'après une enquête, et en vertu d'une décision motivée. L'indépendance de la montagne se trouvait ainsi consacrée en principe.

En résumé, M. de La Gorce a eu bien raison de le dire : « Même avec ses proportions restreintes et ses résultats incomplets, l'expédition de Syrie demeure l'un des meilleurs actes du règne de Napoléon III ». Ce fut, au milieu du xixe siècle, une véritable croisade. Bien qu'entravée et abrégée par la jalousie de l'Angleterre, elle empêcha pendant de longues années le retour des atrocités dont toute la chrétienté s'était émue. Grâce à la France, l'incendie qui menaçait l'empire ottoman d'une conflagration générale, et dont les catastrophes de Djeddah, de Deir-el-Kamar et de Damas, semblaient ne devoir être que les premières lueurs, s'éteignit tout à coup. Les populations s'en souviennent encore. A Beyrouth et dans toute la Syrie le drapeau tricolore est resté populaire. Le prestige du nom français y subsiste. Toutes les œuvres de bienfaisance, tous les établissements religieux y ont conservé l'empreinte française.

Les derniers massacres dont l'Arménie a été le lugubre théâtre ont reporté les esprits vers l'époque où, en Asie-Mineure, la France eut l'énergie de remplir ses devoirs de fille aînée de l'Église. On a regretté le temps où elle défendait victorieusement les droits de la civilisation, de la chrétienté, où elle étouffait dans le germe la conspiration préparée par le fanatisme musulman et où sa glorieuse épée faisait reculer la barbarie asiatique.

XVII

CAVOUR ET LA QUESTION ROMAINE

Au moment même où ses troupes évacuaient la Syrie, Napoléon III désirait vivement pouvoir rappeler en France le corps d'occupation de Rome, et faire cesser ainsi ce qu'il considérait comme une violation du principe des nationalités. L'ambassadeur d'Angleterre à Paris, lord Cowley, écrivait le 1er mars 1861, à lord John Russell, chef du *Foreign Office* : « Je ne saurais trop vous le répéter, dussiez-vous rire de mon information, nonobstant les apparences contraires, l'Empereur a très à cœur l'évacuation de Rome ».

Tous les républicains français avaient le même désir, et les feuilles libérales, le *Siècle*, l'*Opinion Nationale*, les *Débats*, la *Revue des Deux Mondes* s'accordaient pour le manifester. M. Eugène Forcade s'exprimait ainsi le 1er mars, dans cette revue : « La cause libérale en France doit-elle se prononcer pour l'unité de l'Italie, et pour la fin la plus prompte de cette triste et lamentable agonie de la Papauté ? Nous répondrons oui, sans hésiter, et, en répondant ainsi, nous sommes sûrs d'être les organes des vrais principes, des véritables intérêts, des traditions certaines de la cause libérale en France ».

Napoléon III n'allait pas aussi loin que la *Revue des Deux-Mondes*. Il souhaitait l'évacuation des États romains, mais à la condition que les troupes italiennes n'y entreraient pas et que le pouvoir temporel du Pape y serait respecté.

Depuis plusieurs mois, la question romaine était la préoccupation principale du comte de Cavour. Il recherchait avec un zèle infatigable tous les moyens de la résoudre, sans se dissimuler qu'il ne pourrait y parvenir que s'il agissait de concert avec l'Empereur.

L'idée de Rome capitale de l'Italie n'était pas celle de tous les patriotes. Elle eût révolté Cesare Balbo. Elle affligeait Massimo d'Azeglio et Gino Capponi. C'était le programme de Mazzini et de Garibaldi ; ce n'était pas, à l'origine, celui de M. de Cavour. En 1856, lorsqu'il siégeait au Congrès de Paris, il ne songeait à rien de pareil. Mais depuis lors la Révolution avait parlé et i n'osait pas désobéir à la Révolution. Au dire d'un des partisans les plus chaleureux et les plus éloquents de l'Italie, M. Émile Ollivier, ce fut un spectacle révoltant d'ingratitude, que celui de ces opprimés de la veille réunis à Turin, la ville libératrice, le foyer du Risorgimento, le temple de la liberté italienne, et n'ayant rien de plus pressé que de proclamer sa déchéance. A ses yeux, la théorie de Rome capitale fut l'erreur principale de Cavour, et si l'homme d'État piémontais eût percé les mystères de l'avenir, il eût reconnu que la possession de Rome, loin d'être la condition de l'unité en deviendrait l'écueil, que ce serait la plaie toujours ouverte au cœur, qui empêcherait la circulation régulière de la vie.

Malgré tout son génie, Cavour se fit au sujet de la question romaine des illusions étranges. Il crut d'abord ou feignit de croire qu'il parviendrait à obtenir du Pape la renonciation volontaire à son pouvoir temporel, moyennant la concession d'une ample liberté spirituelle, et de privilèges matériels à distribuer, pensions, sièges au Sénat, etc. Il fit travailler dans ce sens un médecin de Rome, le docteur Pantaleoni et un jésuite, le Père Passaglia. Il avait écrit à ce dernier, le 21 février 1861 : « J'ai foi qu'à Pâques prochaines, vous m'expédierez un rameau d'olivier, symbole de paix éternelle entre l'Église et l'État, entre la Papauté et les Italiens. Si cela arrive, la joie du monde catholique sera plus grande que celle que produisit, il y a dix-neuf siècles, l'entrée du Seigneur dans Jérusalem ». Ce n'était là qu'un rêve. La tentative de négociation ne fut pas prise au sérieux. Elle n'eut d'autre résultat que de faire expulser de Rome le docteur Pantaleoni et de suggérer à Pie IX, le 18 mars, une allocution véhémente contre ceux « qui l'invitaient hypocritement à se réconcilier avec le Piémont, et à sanctionner, au mépris du droit, l'usurpation des provinces injustement et violemment dérobées ».

M. de Cavour, loin de se décourager, mit alors en avant l'ancienne formule de Lamennais et de Montalembert : *l'Église libre dans l'État libre*, et proposa une solution en vertu de laquelle la Papauté aurait perdu son pouvoir temporel, mais l'Église aurait joui d'une liberté illimitée.

Un Français éminent, que personne ne peut accuser d'être l'ennemi de l'Italie, le comte Benedetti, a écrit à propos de cette dernière illusion de Cavour : « Jamais un grand esprit n'est tombé dans une plus grande erreur, et ne s'est plus complètement abusé. Il s'est abstenu de prévoir le cas d'un conflit entre le Saint-Siège et le gouvernement du roi réunis à Rome. Il aurait dû reconnaître, s'il avait envisagé pareille éventualité, que celui qui disposerait de la force serait en mesure de faire prévaloir sa volonté, et cet aveu eût renversé toute son argumentation, démontré le néant de son système de l'Église libre dans l'État libre ».

Le prince Napoléon repoussa complètement cette thèse. Il écrivit à M. de Cavour, le 9 avril : « Votre proposition d'une transaction avec la cour de Rome et le parti catholique sur la base de la liberté de l'Église et de l'État est une idée juste et élevée en théorie, mais impraticable et dangereuse, en Italie surtout, avec l'organisation et la richesse du clergé ».

Désespérant de s'entendre avec le Vatican, l'homme d'État piémontais eut alors recours à une de ces négociations secrètes qui entraient dans son caractère comme dans celui de Napoléon III, et traita avec le cousin de l'Empereur la question de l'évacuation de Rome, par l'intermédiaire d'un Italien habitué aux missions mystérieuses, le comte Vimercati. Cette manière de procéder plaisait à Napoléon III, dont la diplomatie personnelle, s'exerçant très souvent en dehors de ses ministres et à leur insu, était une perpétuelle conspiration. Aujourd'hui, le mystère est dévoilé. Grâce à une publication de M. Minghetti, que ses héritiers ont fait paraître à Bologne, on connaît à peu près jour par jour tout ce qui se passa entre l'Empereur, le prince Napoléon et le comte de Cavour, pendant les deux derniers mois de l'existence de l'illustre homme d'État.

Mandé à Turin, le comte Vimercati repartit pour Paris, porteur d'une lettre adressée par Cavour au prince Napoléon, et revint très vite à Turin, avec la réponse du prince, en date du 13 avril. « Pour résoudre la question, était-il dit dans cette réponse, il faut avant tout la bien poser. L'Empereur, qui occupe Rome depuis douze ans, ne veut pas que l'évacuation de cette ville ait le caractère d'un démenti donné à sa politique, ni d'une retraite vis-à-vis de l'unité de l'Italie, qui s'est faite en dehors de ses conseils. Le désir de l'Empereur est cependant de quitter Rome et de sortir d'une fausse position. Vous avez un intérêt de premier ordre à obtenir cette évacuation; cela doit, je crois, vous faire passer sur des difficultés secondaires et surtout temporaires ».

Le prince Napoléon se résumait ainsi :

« 1º Un arrangement direct serait conclu entre la France et l'Italie ;

« 2º La France ayant mis le Pape à l'abri de toute attaque étrangère, ses soldats évacueront Rome ;

« 3º L'Italie s'engagera à ne pas attaquer et à empêcher même par la force toute attaque venant de l'intérieur contre le territoire actuel du Pape ;

« 4º Le gouvernement italien s'interdirait de faire toute réclamation contre l'organisation d'une armée papale composée même de volontaires catholiques étrangers tant que cette armée ne monterait pas à plus de dix mille hommes ;

« 5º L'Italie se déclarerait prête à entrer en arrangement avec le gouvernement du Pape pour prendre à sa charge la part proportionnelle qui lui reviendrait dans les dettes des anciens États de l'Église ».

Le prince ajoutait : « Je comprends, mon cher comte, combien sont grandes les difficultés intérieures que vous aurez à surmonter vis-à-vis de votre parlement, de Garibaldi, de ses volontaires, de tout le parti qui veut l'unité immédiate. Mais, croyez-moi, et mes sentiments ne sauraient vous être suspects, vous n'obtiendrez pas plus de l'Empereur ».

Le 17 avril, M. de Cavour répondit au prince Napoléon : « Le comte Vimercati m'a remis avant-hier la lettre que Votre Altesse Impériale m'a fait l'honneur de m'écrire le 13 courant. J'avoue que je me suis tout d'abord épouvanté des difficultés et des périls que présente l'exécution du projet que l'Empereur serait disposé à adopter... Néanmoins, je n'ai pas tardé à accepter. La base de notre politique étant l'alliance française, il y a peu de sacrifices auxquels je ne sois disposé pour qu'elle ne soit pas en péril. Le roi, à qui j'ai immédiatement communiqué la lettre de Votre Altesse, a été de mon avis ».

M. de Cavour désirait ardemment que le traité fût conclu le plus tôt possible, et, en attendant, il insistait sur la nécessité de garder le secret le plus absolu. Il priait même le prince Napoléon de ne pas mettre dans la confidence le duc de Gramont, ambassadeur de France à Rome, parce que, disait-il, le duc n'était pas toujours suffisamment en garde vis-à-vis du cardinal Antonelli, qui n'avait pas d'égal dans l'art de pénétrer les vraies intentions des diplomates auxquels il a affaire ».

Malheureusement pour le comte de Cavour, des bruits vagues coururent à Paris. Le comte Vimercati lui écrivit le 3 mai : « L'indiscrétion commise par je ne sais qui, relativement au projet que j'ai porté à Turin, a fait se lever ici une masse d'opposants qui, l'Impératrice en tête, nous font une guerre inexorable ».

Un point restait à régler, c'était le moment du départ des troupes françaises. Cavour voulait l'évacuation immédiate. Mais l'Empereur, se repentant presque d'être allé trop loin, cherchait à se dérober et à n'accorder qu'une évacuation graduelle. Il mandait le comte Vimercati à Fontainebleau, le 2 juin, et lui annonçait que le retrait des troupes de Rome se ferait graduellement et dans un délai assez long.

Napoléon III redoutait les critiques auxquelles le traité ne manquerait pas de donner lieu de la part du Corps législatif et du Sénat, et savait que les Chambres refuseraient de prendre au sérieux les engagements du gouvernement piémontais, habitué à toutes les violations du droit des gens. On ne voudrait voir dans

l'arrangement qu'une étape avant la spoliation définitive. Il fut donc décidé que la conclusion du traité serait retardée jusqu'après le 10 juin, jour de clôture de
la session parlementaire française.

Cependant, Cavour attendait avec une impatience
fébrile une solution si laborieusement combinée. Il
comptait les jours et les heures qui le séparaient encore du terme de ses vœux. Mais la Providence devait
prouver une fois de plus combien sont précaires les
calculs de la prudence humaine. Au moment même
où il croyait toucher le but, l'athlète, longtemps infatigable, allait tomber dans la poussière.

XVIII

LA MORT DE CAVOUR

Le comte de Cavour succombait à la peine. Semblable aux joueurs que tuent les émotions du jeu, il épuisait ses forces, détruisait sa santé, abrégeait ses jours pour une œuvre dont le succès final était douteux encore. La lutte contre Garibaldi et le parti avancé le tenait depuis plusieurs mois dans une agitation qui lui brûlait le sang. Il connaissait la jalousie secrète que lui portait le roi. Il savait que les souverains et les peuples sont également ingrats, que la Révolution, comme Saturne, dévore ses propres enfants, et que les chars les plus brillants conduisent aux abîmes. Quoi qu'on en ait pu dire, sa conscience n'était pas en repos. Il pressentait que sa théorie de *l'Eglise libre dans l'État libre* ne serait qu'une utopie, et la conciliation avec Pie IX une chimère. Au fond, il était catholique, tout comme Victor-Emmanuel, et les anathèmes du Saint-Père le troublaient. Agé de cinquante ans, il montrait déjà des symptômes de vieillesse. Son teint avait jauni ; des rides se creusaient sur son front ; sa physionomie n'avait plus l'enjouement d'autrefois ; il

perdait l'appétit et le sommeil : « Je ne suis plus le maître de ma tête », disait-il tristement à M. Castelli.

Cependant, au commencement de juin, personne à
Turin ne prévoyait une catastrophe prochaine. La
ville était en fête. Jamais l'anniversaire du Statut n'a-
vait été célébré avec plus d'éclat. Des revues, des
courses de chevaux, des feux d'artifice, l'illumination
des collines, donnaient à la capitale piémontaise une
animation et une gaieté extraordinaires. Une vente de
bienfaisance attirait une foule énorme dans le jardin
du roi, mis à la disposition des dames patronnesses,
les plus jolies femmes de Turin, grandes dames et
bourgeoises.

Tout à coup, le bruit d'une indisposition assez sérieuse de M. de Cavour courut dans la ville. Je laisse
la parole au comte d'Ideville :

« *4 juin matin.* — Depuis trois jours, le comte de Cavour est assez malade ; aujourd'hui, cependant, il est
mieux. Je viens de rencontrer à la fête la marquise
Alfieri, sa nièce. Elle nous a donné de plus rassuran-
tes nouvelles ; l'inquiétude qui s'était répandue en ville
a diminué. Le malade a été saigné cinq fois. Il est vrai
qu'à Turin ce remède, si énergique et si effrayant ailleurs, est employé à toute occasion et sous tous les
prétextes ».

La nuit du mardi au mercredi 5 juin a été mauvaise. En quelques heures, le mal a fait de terribles
progrès. On ne cache point à la population la vérité. La circulation des voitures a cessé dans les rues
qui avoisinent l'hôtel Cavour, dont une foule conster-
née encombre les abords. A six heures du soir, on
fait appeler un prêtre, le père Giacomo, curé de la paroisse de *Santa Maria degli Angeli.* La sonnette funèbre des agonisants se fait entendre dans la rue du Pô,
où la plupart des magasins se sont fermés. Le marquis

de Cavour et sa fille, la marquise Alfieri, sortent de la chambre du malade, tenant de longs cierges allumés.

Ecoutons encore le comte d'Ideville : « Sans me dire un mot, le marquis me plaça un cierge dans la main. Suivi de la famille et des gens de la maison, il descendit, selon l'usage, pour recevoir les prêtres au bas du grand vestibule. J'accompagnai le cortège jusqu'auprès du lit du mourant. Une sorte d'autel était dressé au milieu de la chambre. Tous les assistants s'agenouillèrent.

« La physionomie du malade était très fatiguée, mais son sourire habituel me frappa. Il répondit d'une voix tellement forte au prêtre qui l'interrogeait, que je crus un instant que ces paroles avaient été prononcées par le marquis, son frère. Le timbre de la voix avait conservé toute sa sonorité, et j'entendis distinctement plusieurs mots qu'il prononça en italien et en latin. La cérémonie dura à peu près un quart d'heure, et tandis que le prêtre fait les onctions saintes, je remarquai que M. de Cavour, sans effort, joignait les mains sur sa poitrine ».

A dix heures du soir, Victor-Emmanuel, accompagné du général Cigala, se présentait à l'hôtel Cavour. Le malade reconnut son roi : « Oh ! Majesté », s'écriat-il. La famille se retira, et, pendant dix minutes, le souverain resta seul avec le ministre qui mourait pour avoir mis trop de zèle à le servir. L'agonisant venait de retomber dans le délire et ne prononçait plus que des paroles incohérentes. Victor-Emmanuel sortit de la chambre les yeux pleins de larmes.

Le lendemain jeudi 6 juin, à six heures trois quarts du matin, l'homme qui avait joué un si grand rôle dans le monde rendit le dernier soupir. A Turin, où il était l'idole de la population, la douleur fut profonde. La Chambre des députés décida que ses séances seraient interrompues pendant cinq jours, et que, pendant un mois, le drapeau placé à la porte du palais Carignan, pour annoncer que le parlement siège, serait recouvert d'un voile noir. Les obsèques eurent lieu, le 7 juin, dans la petite église de la *Madona degli Angeli*, paroisse du défunt. Malgré une pluie battante, la ville entière suivit le cortège. Victor-Emmanuel désirait que les restes mortels du grand homme fussent inhumés à la Superga, la sépulture royale. La famille déclina cet honneur. La dernière demeure de Cavour fut l'humble église du petit village de Santena, situé à une heure de Turin, sur la route de Gênes. C'est là que fut déposé son corps, à côté de ceux de son père, de sa mère et de son neveu, Albert de Cavour, tué à la bataille de Novare, à l'âge de dix-neuf ans. On plaça sur sa tombe une plaque de marbre blanc avec cette inscription : « Vaillant champion de la liberté des peuples, de l'indépendance de l'Italie, de tout progrès économique, intellectuel, moral, vers la fin de sa vie, il rêva comme couronnement de ses vœux l'accord du sacerdoce avec la civilisation, en proclamant la grande maxime de l'Eglise libre dans l'Etat libre. Dans sa maladie suprême, il demanda les consolations de la religion, et expira dans le Seigneur, l'âme purifiée par les sacrements du Christ. Né le 10 août 1810, il mourut le 6 juin 1861 ».

A Turin, les journaux s'accordèrent pour rendre hommage à l'homme dont la mort laissait un si grand vide. *L'Armonia*, la feuille cléricale habituée à le combattre, célébra ses éminentes qualités dans un article plein de dignité et de noblesse. Un seul journal insulta sa mémoire, et laissa éclater une joie contrastant avec le deuil public ; ce fut l'*Unita Italiana*, organe de Mazzini et de Garibaldi.

Très populaire dans le Piémont, et surtout à Turin, où le peuple l'appelait Papa Camille, le comte de Ca-

vour l'était beaucoup moins dans le reste le l'Italie. A
Milan, quand on chanta au *Duomo* une messe solennelle pour le repos de son âme, le préfet Paschini,
craignant que l'église ne demeurât vide, la remplit en
y envoyant tous les enfants des écoles. Dans les Deux-
Siciles, c'est à peine si les paysans connaissaient le
nom de Cavour. Garibaldi frappait beaucoup plus
les imaginations. La chemise rouge du condottiere
avait plus de prestige que la redingote noire de l'homme
d'Etat. A Rome, quand on apprit la mort du grand ministre, la population, représentée, bien à tort, comme
dévorée de la fièvre unitaire, demeura absolument in-
différente. Le Pape leva les bras vers le ciel, en s'écri-
ant : « Prions pour lui, la miséricorde de Dieu est infinie ».

Peut-être M. de Cavour mourut-il à temps pour sa
gloire et pour les intérêts de sa patrie. Sa mort prématurée lui épargna peut-être des déceptions cruelles.
Il est permis de se demander si un génie aussi aventureux aurait eu la prudence et l'habileté dont firent
preuve ses successeurs. On l'avait vu, après la paix de
Villafranca, manquer complétement de sang-froid. S'il
eût vécu quelques années encore, il aurait peut-être
tout perdu, pour vouloir trop vite tout gagner. Rome, s'il
y fût entré, eût-elle été pour lui la terre promise? Nous
en doutons. Piémontais dans l'âme, il eut regretté Turin, la ville où il était adoré. Catholique, malgré ses
démêlés acharnés avec le Saint-Siège, il aurait souffert
d'être le geôlier du Pape.

Personne ne nous semble avoir plus justement apprécié la carrière du comte de Cavour que M. Emile
Ollivier. « Son bonheur, a-t-il dit, fut d'être le serviteur
d'un roi de l'intelligence, de l'ambition, de l'intrépidité
de Victor-Emmanuel, et d'avoir rencontré une protection aussi généreuse, puissante et fidèle que celle de

Napoléon III. Sous un roi oscillant ou scrupuleux, tel que Charles-Albert ou Frédéric-Guillaume IV, il n'aurait pas obtenu le pouvoir ou bien il n'aurait fait qu'y passer. Sans le concours direct ou tacite de Napoléon III, il n'aurait pu ni élever la voix au Congrès de Paris, ni allumer la guerre d'Italie, ni opérer les annexions de l'Italie centrale, ni conquérir le Napolitain ; ses facultés n'eussent pas eu l'occasion de se déployer ; s'il avait laissé un renom, c'eut été celui de brouillon, et il serait demeuré à mi-côte de la gloire ».

Nous inclinons à croire que Victor-Emmanuel ne regretta que modérément l'homme qui lui avait rendu tant de services. Au fond, le roi *galantuomo* se croyait plus rusé que le comte de Cavour, et peut-être avait-il raison. Dans plusieurs circonstances décisives, après la paix de Villafranca par exemple, il jugea la situation avec plus de coup d'œil que son ministre. Peut-être ne déplaisait-il pas au souverain de prouver à l'Europe qu'il n'était pas un Louis XIII, ne devant ses succès qu'à un Richelieu, et qu'il n'avait pas besoin de la tutelle d'un Cavour pour mener à bonne fin les destinées de l'Italie.

Le grand homme d'État piémontais ne tarda point à être oublié. Les conservateurs lui reprochaient d'avoir trop fait pour la Révolution, les révolutionnaires de n'avoir point assez fait pour elle.

Les Français, tout en admirant les talents et le génie de Cavour, ne sauraient oublier qu'il leur fut fatal, en tant que précurseur et modèle de Bismark. Son absence de scrupules, son mépris des traités, ses violations du droit des gens ont fait école. Sa politique révolutionnaire a contribué à l'anarchie dans laquelle est tombé le concert européen, et dont les armements exagérés qui font souffrir l'Europe sont une des conséquences.

XIX

LE ROYAUME D'ITALIE

Au moment où mourut le comte de Cavour, Napoléon III n'avait pas encore reconnu Victor-Emmanuel
comme roi d'Italie. En septembre 1860, après l'invasion
des Marches et de l'Ombrie par les troupes piémontaises, le baron de Talleyrand, ministre de France à
Turin, avait été rappelé, et depuis lors les relations
diplomatiques étaient censées interrompues entre les
deux gouvernements ; mais comme un chargé d'affaires de France continuait à rester à Turin, avec le personnel de la légation, cette interruption n'était que fic-
tive. Fallait-il maintenir une situation aussi anormale,
ou y mettre un terme, ce qui n'était possible qu'en
reconnaissant le nouveau royaume ? L'Angleterre l'a-
vait fait, mais aucune des autres grandes puissances
n'avait imité cet exemple. Napoléon III hésitait avant
de prendre un parti.

Les adversaires de la reconnaissance la considéraient
comme une concession dangereuse accordée à la Révolution, comme une prime donnée aux attentats futurs,
comme le prélude et le signal de la destruction du pouvoir temporel des Papes. A leurs yeux, la situation de

l'ancien royaume de Naples n'était point assez satisfaisante pour justifier une adhésion prématurée à l'unité italienne, contraire aux intérêts français, et rien n'obligeait à sanctionner une conquête qui, d'après les expressions de M. Emile Ollivier, « ne fut assurée que par la duplicité, le mensonge, la trahison, la lâcheté, le mépris de l'honneur ». Le Piémont ne régnait dans les Deux-Siciles que par la force. L'Irlande et la Pologne ne furent pas soumises à des rigueurs plus inexorables. Peu de temps avant sa mort, Cavour écrivait : « Maintenant que la fusion des différentes parties de la péninsule est complète, je me laisserai tuer dix fois plutôt que de consentir qu'elle se dissolve, mais avant de me laisser tuer, j'essaierai de tuer les autres ». On avait vu s'engager entre les Piémontais et les Napolitains une véritable guerre, dont l'issue aurait été douteuse, si François II, au lieu de l'exciter de loin, était venu lui-même en prendre la direction, et, dans l'opinion de ceux qui déconseillaient la reconnaissance du nouveau royaume, les insurgés que les Piémontais qualifiaient de brigands n'étaient que des patriotes défendant leur indépendance contre une annexion artificielle et violente.

D'autre part, les partisans de la reconnaissance la regardaient comme dictée par la logique des faits et comme indispensable au maintien des bons rapports entre la France et l'Italie. A leurs yeux, on ne pouvait la différer sans exposer dans la péninsule le principe monarchique à tous les risques de la révolution ou de la réaction. Telle était, au fond, la pensée intime de l'Empereur. Il n'attendait qu'une occasion pour reconnaître le nouveau royaume. La mort de M. de Cavour la lui fournit.

Après de longues hésitations, M. Thouvenel s'était rangé à l'avis du souverain, et il avait préparé un rapport dans ce sens. Mais l'Empereur, craignant les remontrances de l'Impératrice, avait dit à son ministre de ne faire connaître ce rapport qu'au moment où il lui en donnerait l'ordre.

Cavour venait de mourir. Un conseil des ministres se tenait au palais de Fontainebleau. L'Impératrice y assistait. « Monsieur le ministre, dit le souverain à M. Thouvenel, veuillez, je vous prie, renseigner le conseil sur l'état de nos relations avec l'Italie ». Le ministre des Affaires étrangères tira de son portefeuille et se mit à lire le rapport concluant à la reconnaissance du nouveau royaume. Au milieu de la lecture, la souveraine se leva brusquement, avec les signes d'une violente agitation. Des larmes jaillissaient de ses yeux. Après un pénible silence, Napoléon III dit, avec son impassibilité habituelle, au maréchal Vaillant, ministre de sa maison : « Mon cher maréchal, veuillez suivre l'Impératrice, et occupez-vous d'elle ». Puis le conseil reprit ses travaux. A partir de ce jour, la souveraine ne témoigna plus à M. Thouvenel qu'une grande froideur.

L'Impératrice avait-elle tort ou avait-elle raison de pleurer ? On peut se le demander aujourd'hui. M. Giacometti a écrit, dans ses remarquables études sur l'*Unité italienne* : « Peut-être, en agissant comme elle le faisait, l'Impératrice n'obéissait-elle pas seulement à son sentiment religieux, qui était très profond ; peut-être aussi une exquise intuition féminine lui donnait-elle la prescience de l'avenir ; peut-être devinait-elle ce que plus tard la France devait attendre de cette nouvelle monarchie italienne pour la fortune de laquelle son mari mettait généreusement la puissance de la France en œuvre ».

Avant de se décider, M. Thouvenel avait été très perplexe. Comme il l'écrivait au duc de Gramont, le 16

juin, il passa plusieurs nuits blanches avant de sauter
le fossé, et ce n'est pas sans avoir pesé le pour et le
contre qu'il accepta la responsabilité. Il résumait ainsi
dans la même lettre les considérations qui avaient mo-
tivé son opinion définitive : « M. de Lamartine a pu
faire dire à Dieu après la création :

> De son œuvre imparfaite il détourna la face,
> Et d'un pied dédaigneux la lança dans l'espace :

« Un souverain, si puissant qu'il soit, ne saurait en
agir ainsi avec son œuvre. Je n'étais pas ministre lorsque l'expédition d'Italie a été décidée ; il se peut qu'elle
ait été une faute, mais au point où en sont les choses,
on ne l'effacerait pas avec une inconséquence. L'avenir
dira si je me suis trompé, et j'ai trop de franchise pour
ne pas être sans quelque appréhension à cet égard. Ce
que j'affirme en mon âme et conscience, c'est qu'une
pensée pacifique et conservatrice a seule guidé ma
conduite, et que mon honneur, je ne parle pas de mon
portefeuille, dont je ferais bon marché, est lié au maintien des déclarations dont nous accompagnons notre
reconnaissance ».

Les réserves auxquelles le ministre faisait allusion
étaient formulées dans la dépêche qu'il adressa le 15
juin, au chargé d'affaires de France à Turin. M. Thouvenel s'exprimait ainsi dans cette dépêche : « Il est des
nécessités que nous ne pouvons perdre de vue, et nous
devons prendre soin que notre reconnaissance ne soit
pas interprétée d'une façon inexacte en Italie et en Europe. Le gouvernement de Sa Majesté n'a caché en aucune circonstance son opinion sur les événements
qui ont éclaté l'an dernier dans la péninsule. La reconnaissance de l'état de choses qui en est résulté ne pourrait donc en être la garantie, de même qu'elle ne sau-

rait impliquer l'approbation rétrospective d'une politique au sujet de laquelle nous nous sommes constamment réservé notre liberté d'action ».

Le ministre insistait particulièrement sur la question romaine. « Le cabinet de Turin, ajoutait-il, se rendra compte des devoirs que notre position nous crée envers le Saint-Siège, et je croirais superflu d'ajouter qu'en nouant des rapports officiels avec le gouvernement italien, nous n'entendons nullement affaiblir la valeur des protestations formulées par la cour de Rome contre l'invasion de plusieurs provinces des États pontificaux. Pas plus que nous, le gouvernement du roi Victor-Emmanuel ne saurait contester la puissance des considérations de toute nature qui se rattachent à la question romaine, et qui dominent nécessairement nos déterminations ; il comprendra qu'en reconnaissant le roi d'Italie, nous devons continuer d'occuper Rome, tant que des garanties suffisantes ne couvriront pas les intérêts qui nous y ont amenés ».

Tiraillé en sens divers par des influences également passionnées, Napoléon III était très hésitant toutes les fois qu'il avait à s'occuper des affaires de Rome. Il reculait devant les conséquences de ses paroles et de ses actes, parce qu'il savait que quoi qu'il fît, il serait fatalement exposé aux critiques les plus violentes. Il cherchait donc à louvoyer et à gagner du temps. La mort de Cavour lui permit de prolonger une indécision qui rentrait dans ses calculs politiques. Il y eut à ce moment une sorte de cote mal taillée. Le nouveau royaume fut reconnu, mais les négociations relatives à l'évacuation de Rome furent définitivement ajournées. Elles ne devaient être reprises que trois ans plus tard, pour aboutir à l'arrangement célèbre sous le nom de convention du 15 septembre.

En attendant, la situation du ministre des Affaires

étrangères n'était pas enviable. Il s'évertuait à rechercher ce que voulait son auguste maître, et son maître
ne le savait peut-être pas lui-même. M. Thouvenel sera
renversé en 1862 pour avoir soutenu, dans la question romaine, des idées qui, au fond, étaient celles
du souverain, mais que le souverain n'osait pas encore
proclamer.

Le 25 juin 1861, on lisait dans le *Moniteur* : « L'Empereur a reconnu le roi Victor-Emmanuel comme roi
d'Italie. En notifiant cette détermination au cabinet
de Turin, le gouvernement de Sa Majesté a déclaré
qu'il déclinait d'avance toute solidarité dans des entreprises de nature à troubler la paix de l'Europe, et que
les troupes françaises continueraient à occuper Rome
tant que les intérêts qui les y ont amenés ne seraient
pas couverts par des garanties suffisantes ».

Deux jours après, l'Impératrice, péniblement im-
pressionnée par la reconnaissance du royaume d'Italie,
avait une diversion au palais de Fontainebleau : la réception solennelle des ambassadeurs siamois.

XX

LES AMBASSADEURS SIAMOIS

La fin du séjour de Napoléon III à Fontainebleau, en 1861, fut marquée par une solennité tout à fait pittoresque, la réception des ambassadeurs siamois, qui eut lieu le 27 juin, dans la grande salle des fêtes, la galerie de Henri II. Incomparable spécimen des splendeurs de la Renaissance, cette salle superbe avec ses dix immenses fenêtres aux vastes embrasures, son plafond où l'or et l'argent étincellent, ses chiffres enlacés, ses emblèmes, ses fresques éblouissantes, se prête merveilleusement aux grandes cérémonies. Elle est faite pour exciter l'admiration et la surprise même des hommes habitués aux pompes asiatiques.

A Paris, les ambassadeurs siamois et leur suite montèrent dans cinq voitures de la cour et se rendirent à la gare de Lyon. Un train spécial les transporta à la station de Fontainebleau, où des voitures de la cour les attendaient pour les conduire au palais. Le cortège fit son entrée dans la célèbre cour des Adieux. Un bataillon d'infanterie de la Garde, qui faisait la haie, leur rendit les honneurs militaires. Des cuirassiers de la Garde se tenaient de chaque côté de l'escalier du

Fer-à-Cheval et dans la galerie de François Iᵉʳ, que les ambassadeurs traversèrent pour arriver à la galerie de Henri II.

Une estrade a été placée au fond de la salle devant la cheminée monumentale qui en occupe toute la hauteur, et en face de la tribune des musiciens. Sur cette estrade, au-dessus de laquelle on a tendu un vaste dais de velours rouge, parsemé d'abeilles d'or, on a préparé un trône pour Napoléon III, un autre pour l'Impératrice et un siège plus bas pour le Prince Impérial.

Il est cinq heures du soir. L'Empereur, qui vient de passer la revue de la garnison de Fontainebleau, fait son entrée dans la galerie, tenant par la main son fils, et accompagné par le ministre d'État, le ministre des Affaires étrangères, le maréchal Vaillant, le maréchal Magnan et les officiers de sa maison.

Un instant après l'Impératrice, en manteau de cour, avec les plus beaux diamants, les plus riches joyaux de la couronne fait son apparition. La duchesse de Bassano porte sa traine. Les dames et les officiers de sa maison la suivent. Sa beauté fait plus d'impression que la splendeur de sa parure.

Leurs Majestés s'étant assises sur leurs trônes, le duc de Cambacérès, grand maître des cérémonies, demande à l'Empereur la permission d'introduire les ambassadeurs siamois. Précédés par les aides des cérémonies, et accompagnés par M. de Montigny, ministre plénipotentiaire, et par l'abbé de la Renaudie, missionnaire, qui leur sert d'interprète, ils font leur entrée dans l'ordre suivant : les trois ambassadeurs, un à un ; le fils du second ambassadeur, enfant de dix ans ; les secrétaires et attachés de l'ambassade, deux par deux. Très richement habillés, ils ont des casaques et des pantalons de brocart d'or ; ils portent des sabres attachés au côté par une ceinture dont la plaque est ornée d'un éléphant d'argent. Comme ils le font quand ils paraissent devant leurs souverains, ils s'avancent en marchant sur les genoux. Cette étiquette orientale ne laisse pas que d'être assez pénible. Une pareille marche est difficile surtout pour le premier ambassadeur qui, coiffé d'un chapeau conique à larges bords, mal fixé sur sa tête, tient entre les mains une grande coupe d'or, dans laquelle sont déposées deux boîtes contenant chacune la lettre des rois co-régnants de Siam.

Arrivé à l'endroit où il doit s'arrêter, le premier ambassadeur place devant lui la coupe, et se prosterne trois fois jusqu'à terre, en élevant les mains jointes au-dessus de sa tête. Puis s'étant accroupi, en s'appuyant sur le coude droit, il lit un discours en langue siamoise, dont l'abbé de la Renaudie fait immédiatement la traduction. « Nous prions Votre Majesté, est-il dit dans ce discours, de vouloir bien nous permettre de lui assurer bien sincèrement que nos souverains, les deux rois de Siam, ont reconnu que l'amitié mutuelle établie entre votre empire et le royaume de Siam est devenue une source de bonheur pour les deux nations.

«Quant à nous, membres de l'ambassade, nous avons reçu une preuve de la faveur de votre gracieuse et excellente Majesté en ce que nous avons été transportés sur des navires de guerre français depuis Siam jusqu'à la capitale de votre Empire, où nous avons été traités avec honneur et avec une prévenance pleine d'attention par les membres du gouvernement de Votre Majesté, dont nous nous plaisons à reconnaître avec joie la courtoisie... Il nous faudrait trop de temps pour exprimer à Votre Majesté Impériale les sentiments de reconnaissance dont débordent nos cœurs ».

L'Empereur répond par quelques bienveillantes paroles, que l'interprète transmet dans leur idiome aux ambassadeurs, qui les accueillent en se prosternant de nouveau trois fois. Puis le premier ambassadeur reprend la coupe contenant les lettres royales, et franchit péniblement, toujours sur les genoux, avec le secours des aides de cérémonies, les marches du trône pour remettre à Napoléon III les lettres de leurs souverains. L'Empereur se lève, prend dans la coupe les deux boîtes qui contiennent ces lettres. A ce moment, toute l'ambassade se prosterne encore trois fois. L'audience officielle est terminée.

Leurs Majestés, qui n'ont pas vu sans regret les exigences de l'étiquette du pays d'Extrême-Orient, s'approchent alors des ambassadeurs, les font se relever, et leur parlent avec une grande affabilité.

L'Impératrice remarque le fils du second ambassadeur. C'est un joli enfant, à la figure intelligente ; elle l'embrasse. « Maintenant, mon fils, s'écrie le père, tes jours seront heureux ».

Les présents des deux rois de Siam sont exposés sur des tables dans les embrasures des fenêtres de la galerie. On remarque une couronne avec oreillettes, en filigrane d'or émaillé, un trône, un palanquin, un harnachement de cheval couvert d'or et de pierreries, des parasols en brocart, des coupes d'or massif, des émaux cloisonnés, des étoffes magnifiques, des armes d'une extrême richesse.

Les ambassadeurs se retirent, font honneur à une collation préparée pour eux, et regagnent la gare dans les voitures impériales.

Je viens de revoir, au musée de Versailles, le charmant tableau de Gérôme qui représente la réception des ambassadeurs siamois. J'y ai reconnu les personnages que j'ai vus tant de fois dans ma jeunesse : derrière l'Impératrice, la comtesse de Walewska, la duchesse de Bassano, dames d'honneur ; la baronne de Viry, Mme de Saulcy, la comtesse de Rayneval, la baronne de Pierres, dames du palais ; à la droite de l'Empereur, également sur l'estrade, le duc de Bassano, grand chambellan, le général Rollin, adjudant général du palais ; le maréchal Magnan, le comte Bacciochi, le général prince de la Moskowa, M. Thouvenel, le général Fleury, le maréchal Vaillant, le colonel Verly, commandant les cent-gardes ; puis, au-dessous de l'estrade, à gauche de la galerie, le général Lepic, le général de Waubert, le comte Tascher de la Pagerie, le général marquis de Toulongeon, le comte d'Arjuzon, le baron de Pierres, M. de Mérimée, le baron Morio de Lisle, le marquis de la Tour-du-Pin, le marquis de Caux, le duc de Cambacérès, le baron Sibuet, le baron Lambert, le marquis de Latour-Maubourg. A l'extrémité de la toile sont les portraits de trois peintres : Jadin, Messonnier et l'auteur du tableau, le grand artiste qui excelle à traiter les sujets pittoresques, Gérôme. Les ambassadeurs siamois sont représentés rampant, les coudes à terre, pour s'avancer jusqu'aux trônes de l'Empereur et de l'Impératrice.

Quelques jours après, Napoléon III encore à Fontainebleau, y reçut, le 3 juillet, la lettre par laquelle le roi Victor-Emmanuel lui notifiait l'acte législatif en vertu duquel il prenait le titre de roi d'Italie. Cette lettre fut remise à l'Empereur par son ancien ami des mauvais jours, le comte Arese, sénateur du royaume. Le comte fut accueilli, comme toujours, avec de grands égards, mais Napoléon III ne ménagea point les sages conseils et, se plaignant d'un discours récemment prononcé par le baron Ricasoli, successeur du comte de Cavour, il s'exprima ainsi : « Lorsque vous étiez un État du quatrième ordre, personne ne faisait attention aux discours imprudents de vos ministres. L'exagération de l'audace peut être une vertu chez les faibles. Mais à présent que, sans être encore une grande puissance, vous êtes devenu un grand État, vous devez apprendre le langage modéré et convenable dont se servent en public les hommes d'État européens. Menacer sans être forts, c'est le calcul le plus fallacieux. Compromettre ses amis, c'est le moyen de n'en avoir aucun ».

Le lendemain 4 juillet, l'Empereur, laissant à Fontainebleau l'Impératrice et le Prince Impérial, partait pour Vichy, où il se proposait de faire une cure d'environ un mois.

XXI

L'EMPEREUR A VICHY

Le 4 juillet, à dix heures du matin, l'Empereur partait de Paris pour Vichy. Il était accompagné par son chef de cabinet, M. Mocquard, par deux de ses aides de camp, le général baron de Béville et le général Fleury, et par le marquis de Clermont-Tonnerre, officier d'ordonnance. Le chemin de fer n'allait pas encore jusqu'à Vichy ; l'on s'arrêtait à Saint-Germain-des-Fossés, station située à douze kilomètres de Vichy et rattachée à cette ville par une route carrossable. Arrivé vers cinq heures du soir à Saint-Germain-des-Fossés, le souverain y reçut une ovation des communes voisines, venues à sa rencontre avec leurs curés, leurs maires et leurs conseils municipaux. Plusieurs arcs de triomphe avaient été dressés le long de la route.

Une réception non moins brillante attendait Napoléon III à Vichy. Le maire l'ayant complimenté, il répondit qu'il tâcherait de rendre son séjour favorable à la ville. A peine descendu de voiture, il se rendit au parc pour remercier les habitants de l'accueil qui lui était fait. Sur la place de l'établissement thermal, il trouva réunis tous les baigneurs, qui l'acclamèrent, et il se dirigea vers sa résidence par la grande avenue centrale du parc.

L'Empereur logeait dans une villa appartenant à Strauss, le chef d'orchestre des bals des Tuileries et des bals de l'Opéra. C'est une jolie habitation, un peu étroite, mais confortable, avec un rez-de-chaussée élevé à quelques pieds du sol et deux étages. Au premier, un beau salon donne par trois fenêtres sur une terrasse ayant vue sur le parc. On envoya pour décorer ce salon deux tableaux, l'un de Mme Vigée-Lebrun, l'autre d'Angelica Kauffmann, et, pour orner la salle à manger, un tableau de fleurs peint par Saint-Jean. Le général de Béville habitait avec l'Empereur. Les autres personnes de sa suite s'installèrent dans le voisinage, hôtel des Ternes. Le soir, la ville fut splendidement illuminée, et une foule immense, stationnant aux abords de la résidence impériale, se décida à grand peine à se retirer.

Le dimanche 7 juillet, Vichy présentait un spectacle inaccoutumé. Ses hôtes habituels disparaissaient au milieu des populations descendues des montagnes du Forez et de l'Auvergne. Plus de mille paysans, avec leurs femmes et leurs enfants, avaient pris possession du parc. Ils y étaient littéralement campés, et entouraient la résidence du souverain, pour ne perdre aucune occasion de le voir. Quand il se rendit à l'église, et plus tard, au moment de sa promenade habituelle, cette foule immense se porta sur son passage et le salua de ses acclamations. Le soir, elle défila devant lui.

Jamais Vichy n'avait été si brillant et si animé. On y remarquait Marie-Christine, reine douairière d'Espagne, la comtesse Walewska, le duc de Gramont, ambassadeur à Rome, le comte Walewski, ministre d'État, le marquis de Moustier, ambassadeur à Vienne, le prince de La Tour-d'Auvergne, ministre à Berlin, M. Baroche, président du Conseil d'État.

L'attention se portait aussi sur un homme qui devait être fatal à la France, mais qui inspirait alors à Napoléon III une sympathie spéciale, le général Prim, comte de Reuss, marquis de Las Castillejos, un des personnages les plus considérables, et surtout les plus entreprenants de l'Espagne. L'Empereur, qui aimait à agir en dehors de sa diplomatie officielle, eut avec lui d'importants entretiens, qui restèrent absolument secrets. De même que, dans des conciliabules mystérieux, il avait préparé en 1858, à Plombières, la guerre d'Italie avec M. de Cavour, de même il prépara, en 1861, à Vichy, l'expédition du Mexique avec le général Prim.

Même dans ses villégiatures, Napoléon III ne se reposait jamais. Son cerveau travaillait sans cesse. A Vichy, au moment où il s'occupait des grandes questions diplomatiques, il surveillait les travaux qu'il venait d'ordonner pour embellir et transformer la ville. Plus de quatre cents ouvriers ouvraient et nivelaient les nouvelles voies de communication qui devaient en modifier complètement l'aspect général. Un large boulevard, partant de la gare du chemin de fer projeté, devait rejoindre l'Allier en passant derrière l'établissement thermal, contourner la source des Célestins et longer le jardin de la source du puits Lardy. Une grande rue nouvelle était également ouverte derrière le parc.

Le dimanche 14 juillet, l'Empereur fit une excursion à l'Ardoisère, où il dîna. Une table de vingt couverts avait été dressée en plein air.

Le même jour, à Bade, le roi de Prusse se promenait avec le comte Flemming, dans l'allée de Lichtenthall,

lorsqu'un étudiant de l'Université de Leipsick, Oscar
Becker, natif d'Odessa, dirigea contre lui le canon
d'un pistolet de poche à deux coups. Une balle traversa le collet de l'habit du souverain, et occasionna
au côté gauche du cou une contusion sans caractère
dangereux. L'assassin, âgé de vingt-et-un ans, fut arrêté par le comte Flemming et aussitôt livré à la justice. Le roi revint à pied à sa demeure, et le soir la
population de Bade lui fit une ovation aux flambeaux.
Dès que Napoléon III apprit l'attentat, il écrivit à Guillaume Ier pour le féliciter d'y avoir échappé, et chargea
l'un de ses aides de camp, le général Edgard Ney, prince de la Moskowa, de porter sa lettre à Bade.

C'est également le 14 juillet que le général Fleury
quitta Vichy pour se rendre à Turin, porteur d'une
lettre autographe par laquelle l'Empereur répondait
à celle que le roi Victor-Emmanuel lui avait adressée
pour lui notifier le nouveau titre de roi d'Italie, et qui
lui avait été remise à Fontainebleau par le comte Arese.
Napoléon III avait dit alors à ce dernier : « Trouvez-
moi quelque moyen honorable de sortir de Rome, et
je vous laisse libres d'agir, sous votre responsabilité,
selon vos intérêts. Mais je ne puis rappeler mes troupes sans que la sécurité du Saint-Père soit garantie, et
que, par conséquent, vous soyez d'accord avec la cour
de Rome. Or, tant que le Pape actuel vit, toute espérance de pouvoir ouvrir même des pourparlers est
vaine ».

Le général Fleury devait tenir au roi Victor-Emmanuel un langage analogue et lui répéter, en paraphra-
sant la lettre de l'Empereur, que les troupes françaises
continueraient à occuper Rome, tant que les intérêts
qui les y avaient amenés ne seraient pas couverts par
des garanties suffisantes.

Le général reçut ses instructions à Vichy, dans le cabinet de travail de l'Empereur, qui lui dit : « Si vous aviez été général de division, je vous aurais donné la qualification d'ambassadeur, mais je compte que vous n'en ferez pas moins bonne besogne ». Puis après l'avoir embrassé, il ajouta : « Dites bien au roi que je ne resterai son ami qu'à la condition qu'il ne créera pas de nouvelles difficultés dans ma politique et qu'il fera respecter le Saint-Père ».

L'Empereur se proposait de prolonger jusqu'à la fin du mois un séjour qui lui était salutaire. On lisait dans le *Moniteur* du 15 juillet : « Les eaux de Vichy continuent à faire beaucoup de bien à l'Empereur. Les nouvelles données par l'*Indépendance Belge* sont donc complètement fausses. Le docteur Rayer, que ce journal annonce avoir été appelé à Vichy, n'a pas quitté Paris ».

Le 16 juillet les élèves du collège de Roanne, sous la conduite de leurs professeurs, vinrent complimenter le souverain, et leur musique exécuta plusieurs morceaux sous ses fenêtres.

Chaque jour l'Empereur faisait de longues promenades à pied, et son attention se portait sur les améliorations dont on pourrait doter l'établissement thermal et ses environs. Il vivait de la manière la plus simple à Vichy, où tout le monde rendait hommage à sa bienveillance, à son affabilité et à sa bonté.

XXII

LE GÉNÉRAL FLEURY A TURIN

La réception faite au général Fleury à Turin prouve tout le prestige que Napoléon III avait en 1861. Il n'est pas d'égards, de prévenances, d'attentions courtoises dont son envoyé ne fut l'objet de la part du roi, des ministres, de la cour, de la population. A ce moment, les Italiens, qui ont au plus haut degré le sens politique, sentaient très bien que leurs destinées étaient entre les mains de l'Empereur.

Dès son arrivée à Suze, le général Fleury trouva une lettre de bienvenue du maître de la cour, qui lui annonçait qu'à Turin des appartements étaient préparés pour lui au Palais-Royal. Il déclina cette offre gracieuse, ayant déjà fait retenir le premier étage de l'hôtel de la Grande-Bretagne, rue du Pô.

Lors de l'invasion des Marches et de l'Ombrie, Napoléon III, en guise de protestation, avait rappelé son ministre, le baron de Talleyrand, mais il y avait maintenu sa légation. La France continuait à y être représentée par un chargé d'affaires, le comte de Rayneval, et deux secrétaires, le comte d'Ideville et le baron de Bourgoing. A la gare de Turin, le général Fleury trouva tout le personnel de la légation. Des groupes stationnèrent sous les fenêtres de l'hôtel où il était descendu. Le soir, la musique de la garde nationale lui donna une aubade. Appelé par une foule enthousiaste, il parut plusieurs fois au balcon, et fut accueilli par les cris chaleureux de : Vive la France! Vive l'Empereur! Vive l'Italie! Toutes les classes de la société turinoise rivalisèrent pour lui de politesse et d'empressement. Invité au cercle des nobles (*Societa del Whist*), il y rencontra l'accueil le plus sympathique.

Le 17 juillet, l'envoyé de l'Empereur remit, en audience solennelle, au roi Victor-Emmanuel, la lettre de son souverain. Datée de Vichy, 12 juillet 1861, cette lettre, très importante, était ainsi conçue :

« Monsieur mon frère,

« J'ai été heureux de pouvoir reconnaître le nouveau royaume d'Italie, au moment même où Votre Majesté perdait l'homme distingué qui avait le plus contribué à la régénération de son pays. Par là j'ai voulu donner une nouvelle preuve de ma sympathie à une cause pour laquelle nous avions combattu ensemble. Mais en reprenant nos rapports officiels, je suis obligé de faire mes réserves pour l'avenir, un gouvernement est toujours lié par ses antécédents. Voilà onze ans que je soutiens à Rome le pouvoir du Saint-Père. Malgré mon désir de ne pas occuper militairement une portion du sol italien, les circonstances ont toujours été telles qu'il m'a été impossible d'évacuer Rome. En le faisant sans garanties sérieuses, j'aurais manqué à la confiance que le chef de la religion avait mise dans la protection de la France. La position est toujours la même.

« Je dois donc déclarer franchement à Votre Majesté que, tout en reconnaissant le nouveau royaume d'Italie, je laisserai mes troupes à Rome, tant qu'elle ne sera pas réconciliée avec le Pape, ou que le Saint-Père sera menacé de voir les États qui lui restent envahis par une force régulière ou irrégulière.

« Dans ces circonstances, que Votre Majesté en soit bien persuadée, je suis mû uniquement par le sentiment du devoir. Je puis avoir des opinions opposées à celles de Votre Majesté, croire que les transformations politiques sont l'œuvre du temps, et qu'une agrégation complète ne peut être durable qu'autant qu'elle aura été longuement préparée par l'assimilation des intérêts, des idées et des coutumes ; en un mot, je pense que l'unité aurait dû suivre et non précéder l'union. Mais cette conviction n'influe en rien sur ma conduite. Les Italiens sont les meilleurs juges de ce qui leur convient, et ce n'est pas à moi, issu de l'élection populaire, de prétendre peser sur les décisions d'un peuple libre.

« J'espère donc que Votre Majesté unira ses efforts aux miens pour que dans l'avenir rien ne vienne troubler la bonne harmonie si heureusement établie entre les deux gouvernements ».

Victor-Emmanuel reçut l'envoyé de l'Empereur avec une bienveillance exceptionnelle. Il lui offrit au Palais-Royal de Turin un dîner de gala, au château de Raconigi une chasse et un déjeuner ; il lui donna rendez-vous dans un de ses manèges, et fit défiler devant lui ses chevaux arabes. Le général a écrit dans ses *Souvenirs* : « Ne voyant en moi qu'un étranger ne le gênant pas, un représentant affidé de l'Empereur avec lequel il pouvait d'autant plus parler sans contrainte que j'étais accrédité près de lui seul et non près de son gouvernement, il se montra plein de bonne humeur, plein d'abandon, j'oserai dire de cordialité ».

Dans son *Journal d'un diplomate* en Italie, le comte

d'Ideville a dit du général : « Il est rare de rencontrer chez un homme un plus grand air uni à plus d'aménité, et chacun à Turin subit le charme du favori de l'Empereur. Affable et poli sans familiarité, le général Fleury savait dire à chacun un mot aimable ; petits et grands ont gardé le meilleur souvenir de son court séjour à Turin. Le roi prenait un vif plaisir à ses entretiens avec l'ami de l'Empereur ».

De son côté, le général se sentait attiré vers le souverain italien. « Le roi est trop isolé, dit-il au comte d'Ideville, et ses qualités sont méconnues, faute de quelqu'un pour les faire valoir. Il n'a confiance en personne, étant naturellement sauvage, et je suis certain qu'il serait apprécié comme il le mérite, s'il avait plus d'expansion et vivait moins retiré. J'ignore si ses sentiments ont toujours été les mêmes ; peut-être changeront-ils un jour ; mais aujourd'hui, je crois pouvoir affirmer qu'il a pour l'Empereur un attachement sincère et une vive reconnaissance ».

La veille du jour où le général devait quitter Turin, une seconde sérénade fut donnée en son honneur, devant l'hôtel de la Grande-Bretagne, par les soins de la municipalité, et la foule cria bruyamment : « Vive l'alliance française ! » Victor-Emmanuel parut le voir partir avec regret. Il répéta à plusieurs reprises : « Combien j'envie à l'Empereur un ami tel que celui-là ! »

Après une courte excursion à Milan, où il logea, avec Mme Fleury et avec le capitaine de Verdière, son aide de camp, au Palais Royal, le général était de retour à Vichy le 28 juillet et rendait compte à Napoléon III de sa mission. Le même jour, l'Empereur recevait le général prince de la Moskowa, revenant de Bade. Le soir, il assistait à une fête donnée au profit des pauvres de Vichy dans les salons de l'établissement thermal, et

ouvrait le bal avec la fille du maire. Le 29, il passait
en revue, dans le parc, les sapeurs-pompiers de Cusset
et de Vichy, ainsi que la garnison de la ville. Le 30,
les élèves du lycée de Moulins et du collège commu-
nal de Cusset défilèrent devant lui musique en tête.
Le 31 juillet, à onze heures du matin, il quitta Vichy.
Au moment où il traversait le parc, toute la population,
au milieu de laquelle il venait de passer un mois,
s'était groupée sur son passage pour lui faire ses
adieux. Il monta en chemin de fer à Saint-Germain-
des-Fossés, et inaugura le nouvel embranchement de
Nevers à Montargis. A Moulins, comme à Nevers, les
autorités civiles et militaires, ainsi que le clergé, vinrent lui rendre hommage. Il s'arrêta à Cosne, à Gien,
à Montargis, et reçut partout un chaleureux accueil.
Entre les stations, les habitants des campagnes bor-
daient la voie, dans l'espérance d'apercevoir leur souverain. A sept heures du soir, il arrivait à Fontainebleau, d'où il partait pour Saint-Cloud, le 3 août, avec
l'Impératrice et le Prince Impérial. Le 5, l'Impératrice
se rendit aux Eaux-Bonnes, laissant à Saint-Cloud
l'Empereur et le jeune prince.

XXIII

Le roi de Suède Charles XV et son frère, le prince Oscar, débarquèrent au Havre le 6 août, par un temps magnifique. A onze heures et demie, ils montèrent dans un train préparé pour eux, et après un trajet de quatre heures, ils arrivèrent à Saint-Cloud. Entouré des grands officiers de la couronne et de sa maison militaire, Napoléon III attendait ses hôtes à la grille du parc, où le train s'arrêta. Il les embrassa cordialement, et les conduisit au château. Le colonel de Castelnau, aide de camp de l'Empereur, et le duc de Tarente, chambellan, furent attachés à la personne du roi, pour toute la durée de son séjour, et le lieutenant de vaisseau Hamelin, officier d'ordonnance de l'Empereur, que Sa Majesté avait envoyé au-devant du roi jusqu'à Christiansand, fut attaché à la personne du prince Oscar.

Oubliant le mal que Bernadotte avait fait à la France, Napoléon III ne se rappelait que les liens de famille qui existent entre les Bonaparte et la nouvelle dynastie suédoise.

Il n'y a pas de destinée plus curieuse que celle de Bernadotte, ce Béarnais, soldat de fortune, qui, après dix ans de service, était encore sous-officier, et devait porter tour à tour le bâton de maréchal de France et le sceptre de Gustave-Adolphe. Né le 26 janvier 1764, mort à quatre-vingts ans, le 8 mars 1844, que de vicissitudes il avait eues dans son étonnante carrière ! Elu prince royal de Suède en 1810, et adopté par le roi Charles XIII, il était monté sur le trône le 4 février 1818, sous le nom de Charles XIV, et son règne avait duré vingt-six ans. On dit qu'il regretta souvent d'avoir porté les armes contre la France. Durant sa dernière maladie, le comte de Mornay, ministre de Louis-Philippe à Stockholm, lui ayant témoigné l'intérêt du roi, les larmes lui vinrent aux yeux, et il s'écria : « Ah ! il y a donc encore un Français qui s'intéresse à moi, qui comprenne que j'ai été vaincu par les événements ! »

La destinée de sa femme, Désirée Clary, fille d'un négociant de Marseille, fut aussi bien curieuse. Sœur de Julie Clary, qui épousa le frère de Napoléon, Joseph, roi de Naples, puis roi d'Espagne, elle avait été fiancée au général Bonaparte, qui lui brisa le cœur lorsqu'il épousa Joséphine. Elle lui écrivit alors : « Je vous souhaite toutes sortes de bonheurs et de prospérités dans votre mariage ; je désire que la femme que vous avez choisie vous rende aussi heureux que je m'étais proposé, et que vous le méritez. Mais, au milieu de votre bonheur, ne m'oubliez pas tout à fait, et plaignez mon sort ».

Désiré Celary, reine de Suède, dont la comtesse d'Armaillé, digne fille du général de Ségur, a si bien raconté l'histoire, aimait passionnément la France. Quand son époux devint roi de Suède et de Norvège, en 1818, elle habita encore plusieurs années à Paris son hôtel de la rue d'Anjou, et ne vint dans son royaume qu'en 1823. Elle y resta jusqu'à sa mort, le 17 décembre 1860. Parfois il lui arrivait, dans les brumes du Nord, de regretter le soleil de Marseille, la rue de la Canebière et jusqu'au patois provençal de sa première enfance.

« Quand les États d'Orébro, a dit la comtesse d'Armaillé, adoptèrent Bernadotte pour prince héritier du trône des Wasa, Napoléon se réjouit et s'honora de cette grandeur en termes dignes de lui : — « C'est votre épée qui vous fait roi. » — Il envoya ainsi une branche des lauriers de la France à la Suède. Et le laurier s'enracine, malgré les tempêtes du Nord, et ombrage aujourd'hui de ses rameaux vigoureux le monument de la fiancée du général Bonaparte. »

Le fils et successeur de Bernadotte, Oscar Ier, n'était encore que prince royal quand il épousa, le 19 juin 1823, Joséphine, fille du prince Eugène de Beauharnais, nièce de la reine Hortense, cousine germaine du futur empereur Napoléon III. Cette princesse, devenue reine de Suède et de Norvège, fut la marraine du Prince Impérial, et son second fils, le prince Oscar (actuellement roi sous le nom d'Oscar II), assista au baptême de l'héritier du second Empereur.

Le Béarnais Bernadotte, l'ancien maréchal de France, a établi sur le trône antique des Wasa une dynastie aussi respectée que si elle descendait d'Odin. La cause des succès de cette dynastie toute nouvelle, c'est qu'elle a tenu à honneur de se montrer véritablement suédoise. Elle s'est approprié le caractère et les coutumes du pays ; elle en a étudié les origines, cultivé la littérature, partagé toutes les aspirations.

Le roi Oscar Ier, qui régna depuis le 8 mars 1844 jusqu'au 8 juillet 1859, était le filleul du vainqueur d'Austerlitz, qui lui donna le prénom d'Oscar en souvenir d'un des héros d'Ossian, son poète favori. Oscar Ier était un des savants les plus distingués de

Suède. Tandis qu'il publiait ses remarquables ouvrages sur *le Commerce des grains*, *l'Éducation du soldat en temps de guerre*, et son *Traité des peines et des prisons*, ses deux fils, le prince royal (Charles XV) et le prince Oscar (Oscar II) s'adonnaient avec succès au culte de la poésie nationale. En 1858, l'Académie suédoise découvrit que l'auteur anonyme d'un poème qui venait d'être couronné, était le second fils du roi, le jeune prince Oscar.

Charles XV, qui succéda à son père Oscar Ier, était né le 3 mai 1826. Souverain éclairé, protecteur des lettres et des arts, il était lui-même un littérateur et un artiste. Il peignait de jolis tableaux. Ses *Poèmes et Légendes scandinaves* sont l'œuvre d'un véritable poète. Patriote ardent, il avait le culte des gloires nationales. La Suède pouvait s'appliquer à elle-même ces paroles d'un des poèmes de son souverain : « Tranquille, mon temple domine toutes les révolutions du temps, car la force des hommes du Nord ne se laisse pas facilement dompter. Là, le roc est dur et la forêt profonde ; la nuit est longue, mais le jour est serein. Le Nord aimera éternellement le fort et le brave, celui qui loyalement sait combattre, celui qui loyalement sait mourir. »

Admirablement doués tous les deux, Charles XV et son frère considéraient la France comme leur seconde patrie. Napoléon III, qui était leur oncle à la mode de Bretagne, les reçut comme on reçoit des parents aimés, et les logea au château de Saint-Cloud.

Le 7 août, Charles XV et le prince Oscar allèrent faire une visite à la princesse Mathilde, à Saint-Gratien. Le soir, l'Empereur les conduisit à l'Opéra, où l'on jouait le *Comte Ory*, de Rossini, et un ballet, le *Marché des Innocents*.

8 août. — Napoléon III donna à ses hôtes, dans sa

résidence de Villeneuve-l'Étang, une fête intime à laquelle assistaient la princesse Mathilde, le prince et la princesse Murat. Les ministres et leurs femmes, les officiers de la maison de l'Empereur et plusieurs hauts personnages prirent place à la table dressée en plein air. Le soir, le Prince Impérial vint de Saint-Cloud rejoindre son père et assister au feu d'artifice préparé dans des barques sur la pièce d'eau du parc.

9 août. — Le matin, Charles XV et son frère visitèrent le château de Versailles et les deux Trianons. A deux heures, le roi reçut aux Tuileries le corps diplomatique. A cinq heures, il y eut au Champ-de-Mars une revue de la garde impériale et du 1er corps d'armée. Ces troupes réunies formaient un effectif de 71 bataillons, 47 escadrons et 28 batteries d'artillerie. L'Empereur et le Roi venant, l'un du château de Saint-Cloud, l'autre du palais des Tuileries, se rencontrèrent au pont d'Iéna où ils arrivèrent en voiture. Ils montèrent alors à cheval et firent leur entrée au Champ-de-Mars. A plusieurs reprises, les souverains témoignèrent au maréchal Magnan, qui avait le commandement supérieur des troupes, et au maréchal Regnaud de Saint-Jean-d'Angély, leur satisfaction sur la belle attitude des troupes. Avant le défilé, l'Empereur donna la médaille militaire au Roi et au prince Oscar qui avaient déjà le grand cordon de la Légion d'honneur. Le soir, il les conduisit au Théâtre-Français, où l'on jouait une pièce de Scribe, *Valérie*, et deux pièces de Molière, le *Médecin malgré lui* et les *Femmes savantes*.

10 août. — Charles XV et son frère passèrent la journée au camp de Châlons.

11 août. — Le soir, ils prirent congé de l'Empereur, à Saint-Cloud, et partirent pour Cherbourg.

12 août. — Le roi, après avoir été salué, à Cherbourg, d'une triple salve de tous les vaisseaux mouillés en rade, monta, avec le prince Oscar, sur une des frégates de son escadre, et se dirigea vers l'Angleterre·

On lisait dans le *Moniteur* : « Le roi Charles XV et son frère paraissent enchantés de l'accueil qu'ils ont trouvé en France, et quelque rapide qu'ait été leur passage au milieu de nous, ceux qui ont eu le bonheur de les approcher conserveront le plus précieux souvenir de ces augustes personnages. »

XXIV

LE BOULEVARD MALESHERBES

Le prestige de Paris allait toujours en augmentant, et la transformation de la grande capitale s'opérait avec une rapidité merveilleuse. Le 13 août eut lieu une cérémonie qui intéressa vivement la population parisienne : l'inauguration du boulevard Malesherbes. Ce boulevard magnifique venait de s'élever, comme par enchantement, sur l'emplacement des masures et des buttes de sable qui formaient le misérable quartier appelé la Petite-Pologne. Une communication directe se trouvait ainsi établie entre la place de la Madeleine et l'ancien boulevard extérieur de Monceau. Pour la créer, il n'avait pas fallu enlever moins de 300.000 mètres cubes de déblai. La longueur totale était de 1.400 mètres, sa largeur de 34. Elle fut inaugurée avec un grand éclat.

L'Empereur sortit des Tuileries en calèche découverte. Il avait à ses côtés le comte de Persigny, ministre de l'Intérieur, le général Rolin, adjudant général du palais, et le colonel Reille, l'un de ses aides de camp. Il arriva par la rue de Rivoli et la rue Royale à l'entrée du nouveau boulevard, dont une brillante décoration rehaussa l'aspect grandiose. La haie était formée à droite de la chaussée par la garde nationale de Paris, et à gauche par la garde impériale. A cinq heures du soir, le souverain, attendu par le corps municipal, ayant à sa tête le baron Haussmann, préfet de la Seine, et le préfet de police, descendit de voiture, et entra sous une tente disposée pour le recevoir. Les grands corps de l'Etat étaient représentés à la cérémonie. M. Langlais, conseiller d'Etat, prononça un discours dans lequel il traça l'historique des travaux accomplis à Paris depuis dix ans. Napoléon III prit ensuite la parole.

« L'Empereur, a dit le baron Haussmann dans ses *Mémoires*, était hanté de deux idées généreuses très difficiles, sinon tout à fait impossibles à concilier.

« 1º L'accomplissement de la transformation de Paris, non seulement, pour en faire une capitale digne de la France, la cité reine du monde, mais encore et avant tout, afin de procurer en abondance à ses habitants l'air, la lumière, l'eau, ces éléments essentiels de la salubrité publique ; de leur assurer largement les facilités de communication qui manquaient entre diverses parties de la ville ; et aussi de donner satisfaction à leurs intérêts artistiques par de belles perspectives, par le dégagement des monuments anciens et l'isolement des nouveaux, par l'ouverture d'avenues plantées, de vastes promenades, de parcs et de jardins publics ;

« 2º L'atténuation graduelle des impôts et taxes, spécialement des impôts et taxes de consommation, qu'il croyait peser plus lourdement que les autres sur les classes laborieuses, sur les ouvriers qui lui tenaient tant à cœur, et qui se sont montrés toujours si peu reconnaissants de sa sollicitude et de ses bienfaits »

On retrouve dans le discours du souverain humanitaire la double préoccupation indiquée par le baron Haussmann. Napoléon III s'exprima ainsi : « Messieurs, l'inauguration d'une voie de communication nouvelle n'a plus rien d'extraordinaire aujourd'hui, et je n'en aurais pas fait une cérémonie publique si je n'avais voulu témoigner ma sympathie au Conseil municipal, qui s'occupe avec un zèle constant des intérêts de la ville, ma satisfaction au préfet de la Seine pour sa persévérance infatigable à poursuivre un grand but, enfin mon approbation à tous ceux dont le concours seconde si bien mes efforts. Les embellissements de la capitale, une fois terminés, exciteront l'admiration générale ; mais pendant leur exécution, ils soulèvent toujours des critiques et des plaintes. C'est qu'il est impossible, dans de telles entreprises, de ne pas léser momentanément certains intérêts ; le devoir de l'administration est néanmoins de les ménager, sans s'écarter de la marche à suivre. Cette marche, vous la connaissez : imprimer de l'activité au travail, une vie nouvelle aux industries et au commerce de Paris, en les dégageant des entraves qui en gênaient le développement ; protéger les classes les moins favorisées ; combattre le renchérissement des denrées les plus nécessaires. » Cette dernière phrase résumait le programme économique de Napoléon III, toujours si désireux d'augmenter le bien-être moral et matériel des masses.

« Je félicite la ville, ajouta le monarque démocrate, des mesures prises ou adoptées pour améliorer le sort de la classe la plus pauvre. Ainsi elle s'occupe d'amener à Paris de l'eau qu'on paiera moins cher ; elle exonère de l'impôt les loyers au-dessous de 250 francs ; elle a organisé la boulangerie de manière à ce que, dans un cas de disette, le pain ne pourra pas excéder un certain taux ; elle cherche à diminuer le prix de

la viande, non seulement par la liberté de la boucherie, mais encore par la création d'un marché unique,
qui garantira mieux l'intérêt du consommateur ; enfin
elle multiplie partout les églises, les écoles et les établissements de bienfaisance. Pour travailler suivant
le même ordre d'idées, je vous recommande surtout,
dans l'examen de votre budget, de réduire, autant que
les finances le permettront, les droits sur les matières
de première nécessité.

« Par là, dit l'Empereur en terminant, vous acquerrez de nouveaux titres à ma reconnaissance, car si la
capitale d'un grand empire s'honore par les monuments qui rappellent la gloire des armes, et attestent
le génie des sciences et des arts, elle ne s'honore pas
moins par les institutions qui témoignent d'une sollicitude incessante pour ceux qui souffrent, et d'un zèle
éclairé pour les intérêts généraux de cette immense
agglomération, véritable cœur de la France, qui bat
comme elle pour sa gloire et sa prospérité. »

Le soir, il y eut une illumination splendide. Par un
temps magnifique, une foule immense circula sur le
boulevard Malesherbes et dans le parc Monceau. A
droite du boulevard, un échafaudage en carton représentait la façade de l'église de Saint-Augustin, telle
qu'elle serait après son achèvement. (Commencée en
1860 par l'architecte Baltard, l'église ne devait être
terminée qu'en 1868).

On se demandait comment six mois avaient suffi
pour accomplir un tel travail. Six mois pour jeter tant
de maisons à bas, pour conduire cette voie immense
à travers des tranchées magnifiques, pour élever tant
de demeures superbes ! Le parc Monceau, qui, lorsqu'il fut acquis en 1778 par le duc d'Orléans, père du
roi Louis-Philippe, avait été très à la mode, reprenait
son ancien éclat. On admirait ses arbres gigantesques,

10.

éclairés par des lanternes vénitiennes, ses vastes grilles dorées, sa petite rotonde, sa *Naumachie*, pièce d'eau bordée d'une colonnade corynthienne.

La génération actuelle, habituée aux embellissements de Paris, ignore les préjugés et la routine, les résistances et les obstacles qu'il fallut surmonter pour les accomplir. Sans l'appui énergique de Napoléon III, inspirateur et protecteur de l'œuvre, jamais le baron Hausmann, attaqué, calomnié de toutes parts, n'aurait pu mener à bonne fin sa tâche. Le célèbre préfet n'a pas laissé de fortune. Obligé jusqu'au terme de sa longue existence de travailler pour soutenir un train de maison bien modeste, il écrivait peu de temps avant sa mort : « Lorsque je me rappelle, en traversant chaque jour, des quartiers de Paris que j'ai transformés, la somme de labeurs et de tourments dépensée par moi durant les dix-sept années de mon édilité si combattue, j'éprouve une fierté, qui n'est pas sans quelque mélange d'amertume, en faisant un retour sur ma situation présente. Tandis que la génération actuelle recueille tous les profits de l'œuvre colossale dont je fus le principal ouvrier et l'admire même à l'occasion, moi je ne conserve, du fruit de tant d'efforts, que l'honneur d'avoir bien servi mon pays... Depuis bientôt vingt ans, au lieu de jouir en paix du repos dont le droit ne saurait m'être contesté par personne, il me faut soutenir journellement la *lutte pour la vie*, bien rude à quatre-vingts ans passés. »

Rendons cette justice aux serviteurs de Napoléon III : ils ne s'enrichirent point à son service. Hommes de devoir et patriotes, ils furent, comme leur maître, probes, désintéressés et dévoués à la France.

XXV

LE CAMP DE CHALONS

L'Empereur qui, le 13 août, avait inauguré le boulevard Malesherbes, partit le 14 avec son fils pour le camp de Châlons. Le prince Joachim Murat, le général Fleury, les colonels Lepic et Reille l'accompagnaient. Il fut reçu à la gare de Mourmelon, où il arriva à cinq heures et demie du soir, par le maréchal de Mac-Mahon, duc de Magenta, les généraux de division et l'état-major du camp. Il monta à cheval, et se rendit au quartier impérial, en traversant, au milieu des acclamations, la double haie de troupes formée sur son passage.

15 août. — Le souverain se réjouissait de passer le jour de sa fête au milieu de ses soldats. Le matin, la messe fut célébrée avec une grande solennité devant toutes les troupes du camp. Le soir, l'Empereur réunit à un grand dîner le maréchal de Mac-Mahon et tous les généraux. Puis un feu d'artifice fut tiré. Les populations des environs accourues en foule joignaient leurs *vivats* à ceux des soldats. Tous les bivouacs étaient illuminés.

Napoléon III jouissait, comme souverain et comme

père, des témoignages de dévouement et d'affection
que ses troupes prodiguaient à lui et à son fils. Les
soldats aiment beaucoup les enfants. Tous s'intéres-
saient au petit Prince Impérial, et, de son côté, l'enfant, déjà passionné pour l'état militaire, était tout
fier de porter dans un camp son uniforme de caporal
des grenadiers de la garde.

18 août. — L'Empereur écrivit et data du camp de
Châlons une importante lettre adressée au ministre
de l'Intérieur, le comte de Persigny. En inaugurant
le boulevard Malesherbes, il avait justifié, par son
habile discours, les immenses travaux d'embellisse-
ment et d'assainissement qui transformaient la capitale. Par sa lettre du 18 août, il prouva que son attention et ses faveurs se portaient aussi sur les campagnes. « Les communes rurales, si longtemps négligées
disait-il dans ce document, doivent avoir une large
part aux subsides de l'État, car l'amélioration des
campagnes est encore plus utile que la transformation des villes. Il ne suffit pas d'assainir et de fertili-
ser de vastes étendues de territoire, de travailler à la
mise en valeur des biens communaux et au reboise-
ment des montagnes, d'organiser des concours et de
multiplier les comices ; il faut surtout poursuivre avec
vigueur l'achèvement des chemins vicinaux. C'est le
plus grand service à rendre à l'agriculture. Les documents que vous m'avez soumis établissent qu'une
allocation sur les fonds de l'État de vingt-cinq millions répartis sur sept exercices permettrait de terminer en huit ans les chemins d'intérêt commun actuellement classés. Pour obtenir un si grand résultat,
l'État doit faire un sacrifice. Préparez donc un projet
de loi dans ce sens pour la prochaine session du Corps
législatif, et, en attendant, concertez-vous avec le mi-

nistre des Finances pour qu'un premier crédit affecté à cet emploi puisse être ouvert sans délai. »

Bien que l'ouverture immédiate d'un premier crédit, en l'absence du Corps législatif, s'écartât des règles de la législation financière, la lettre du 18 août, écrite à la veille de la session des Conseils généraux, produisit très bon effet dans les départements portés à se prétendre sacrifiés à la capitale.

19 août. — Le prince Guillaume de Bade arrive au camp pour passer quelques jours auprès de l'Empereur

De grandes manœuvres, commandées par le maré" chal de Magenta, ont lieu le 19 et le 21 en présence du souverain, du prince Guillaume de Bade et du général baron de Freystedt, commandant la cavalerie du grand-duc de Bade.

Le Prince Impérial, installé au camp, se promène beaucoup dans les bivouacs. Les soldats sont souvent distraits par sa présence, et le saluent chaleureusement quand il passe à travers les lignes. Chaque fois que son père monte à cheval, on le voit très gravement aux côtés de Sa Majesté, dans son petit uniforme, monté sur un poney qu'il mène avec beaucoup d'aplomb et de grâce.

23 août. — A sept heures du matin, l'Empereur, accompagné du Prince Impérial et du prince Guillaume de Bade, passe la revue de l'armée, et distribue les récompenses décernées à l'occasion de sa fête. Dans l'état-major qui le suit, on remarque le ministre de la Guerre, les généraux Fanti, de Freystedt, Crawford, lord Frédéric Paulet, et plusieurs officiers supérieurs autrichiens, prussiens, italiens et badois. Les troupes, sous le commandement du maréchal de Mac-Mahon, défilent dans une tenue superbe. Une foule immense, venue des environs, assiste à la revue.

Le même jour, à midi, l'Empereur, accompagné du

général Fleury, quitte le camp de Châlons, et se rend incognito à Plombières, voulant juger de l'exécution des travaux ordonnés par lui trois années auparavant. Une belle église dont sa munificence a payé la construction, s'élève sur une vaste place, et les anciennes masures sont remplacées par un quartier nouveau.

24 août. — L'Empereur, qui a quitté Plombières à midi, est de retour à huit heures et demie du soir au château de Saint-Cloud.

Le 28, il quitte Saint-Cloud avec le Prince Impérial pour se rendre directement à Biarritz, où il arrive le 29. Le 30, il y est rejoint par l'Impératrice venant des Eaux-Bonnes, où, le 25, elle a posé la première pierre d'un nouvel établissement charitable qui a reçu le nom d'Asile de Sainte-Eugénie. Cette solennité avait attiré aux Eaux-Bonnes les populations de toutes les communes environnantes.

L'Empereur, l'Impératrice et le Prince Impérial restent à Biarritz jusqu'à la fin de septembre. Ils y vivent de la vie de famille, très simplement, sans étiquette. Le 3, la comtesse de Montijo, venant de Madrid, arrive à la villa Eugénie.

Chaque jour, on voit des enfants jouer sur la plage avec le Prince Impérial, dont tout le monde admire la gentillesse et la vivacité.

Le 30 septembre, à dix heures du matin, Leurs Majestés quittent Biarritz, sont de retour à Saint-Cloud le 1er octobre, à quatre heures du matin, et en repartent le 5 pour se rendre au château de Compiègne, où le roi de Prusse Guillaume Ier est attendu le lendemain.

L'attention générale va se porter sur Compiègne. Le séjour du monarque prussien sera l'objet d'innombrables commentaires, comme si l'Empereur et son hôte devaient s'occuper de remanier la carte de l'Europe. Rarement entrevue de souverain aura excité une curiosité aussi vive.

XXVI

LE ROI DE PRUSSE A COMPIÈGNE

Le roi de Prusse Guillaume 1er avait plus de soixante-quatre ans quand il vint à Compiègne faire une visite à Napoléon III. Né à Berlin le 22 mars 1797, il était le petit-fils du roi Frédéric-Guillaume II, qui fut l'âme de la coalition européenne contre la République française, et le fils du roi Frédéric-Guillaume III, l'un des principaux adversaires de Napoléon 1er. Sa mère était cette belle reine Louise, l'intrépide amazone qui, lorsqu'elle passait à cheval devant les troupes avec son casque d'acier, sa cuirasse, sa tunique d'étoffe argentée, ses brodequins rouges aux éperons d'or, faisait songer aux héroïnes du Tasse. Elle avait couru les plus grands dangers pendant la guerre de 1806, où elle faillit être faite prisonnière par des hussards français. Allemande dans l'âme, fille d'un grand-duc de Mecklembourg-Strélitz et d'une princesse de Hesse-Darmstadt, la reine Louise avait l'horreur de la Révolution française, et les duretés de Napoléon pour elle et pour la Prusse lui avaient brisé le cœur. Elle était morte en 1810, âgée de trente-quatre ans, et les malheurs de sa patrie avaient été l'une des causes de sa fin prématurée. Son fils, le futur vainqueur de Sedan, était à peine sorti de l'enfance quand il prit les armes contre la France, en 1813 et en 1814. A Bar-sur-Aube, il se distingua par son sang-froid et sa bravoure. Sur le plateau de Pantin, il assista aux combats devant Paris. Peu de jours après il dînait, au château de la Malmaison, chez l'impératrice Joséphine avec son père Frédéric-Guillaume III, son frère le futur Frédéric IV, et le grand-duc Nicolas, le futur tsar.

Prince régent depuis le mois d'octobre 1858 jusqu'à la mort de Frédéric-Guillaume IV, Guillaume 1er avait commencé, le 2 janvier 1861, un règne qui devait durer vingt-sept ans et être marqué par des triomphes extraordinaires.

Non seulement Napoléon III ne se défiait point de l'homme qui devait lui être si fatal, mais de tous les souverains c'était celui sur lequel il comptait le plus pour la réalisation de ses projets : l'affranchissement de la Vénétie et le remaniement de la carte d'Europe.

De son côté, en 1861, le roi Guillaume n'avait pas, croyons-nous, d'hostilité préconçue contre la France. Sa femme, la reine Augusta, fille du grand-duc Charles de Saxe-Weimar, aimait passionnément la littérature française. Sa belle-fille, la princesse Victoria, venue en France avec la reine d'Angleterre, à l'époque de la guerre de Crimée, témoignait une admiration enthousiaste pour l'impératrice Eugénie. Depuis son avènement au pouvoir, président de la République ou empereur, Napoléon III avait recherché toutes les occasions de prouver son bon vouloir à la Prusse. C'est lui qui avait fait admettre cette puissance au Congrès de Paris, c'est lui qui l'avait aidée à régler honorablement la question de Neufchâtel, c'est lui qui désirait pour elle non seulement de grands succès politiques, mais des accroissements de territoire.

Puisqu'une alliance cordiale avait pu se former entre la France et l'Angleterre, une pareille alliance était-elle impossible entre la France et la Prusse ? Les Prussiens étaient les vainqueurs de Waterloo comme les Anglais, mais ils n'avaient pas été, comme eux, les geôliers du grand Empereur. Napoléon III, qui oubliait Sainte-Hélène, ne pouvait-il pas opérer un rapprochement sérieux, une réconciliation définitive entre la France et la Prusse ? Tel était, on peut l'affirmer, un de ses plus vifs désirs. Guillaume 1er se montrait alors touché des sympathies que l'Empereur lui témoignait, et nul ne prévoyait encore les circonstances qui armeraient l'un contre l'autre deux souverains dont l'accord aurait été si utile aux progrès de la civilisation générale et à la paix du monde. Que de maux eussent été épargnés à l'humanité si ces deux hommes étaient restés toujours amis !

Écartons un instant notre pensée des catastrophes de 1870, et reportons-nous à l'époque où le vainqueur et le vaincu de Sedan se traitaient comme des frères. Quel contraste entre 1861 et l'année terrible !

Dimanche 6 octobre. — Le roi Guillaume, venant de Cologne, arrive à Jeumont, à la frontière belge. Il est reçu, à son entrée sur le territoire français, par le général Frossard, aide de camp de l'Empereur, le comte de Riencourt, chambellan, et le baron de Bourgoing, écuyer, qui resteront attachés à sa personne pendant toute la durée de son séjour en France. A six heures du soir, il est à Compiègne.

Guillaume 1er, malgré son âge n'a rien perdu de sa vigueur militaire, de son entrain et de sa gaîté. Avec sa belle prestance, sa haute stature, ses cheveux blonds grisonnants, ses moustaches se joignant avec les favoris, sa physionomie pleine de bienveillance, il a vraiment grand air. Sous des apparences de bonhomie et de simplicité, il cache l'astuce d'un diplomate et l'ambition d'un conquérant. Elevé par des hommes du xviiie siècle, comme un disciple de Mars et de Vénus, il a la courtoisie, l'affabilité, la galanterie, le désir de plaire des princes d'autrefois. Aussi à l'aise dans les salons que dans les casernes, courtois même pour une ouvrière ou pour une femme de chambre, il sait dire à chacun une parole aimable. Jamais on ne surprend en lui un mouvement d'infatuation ou de morgue. Comme Napoléon III, c'est un souverain facile à servir, et qui a le don de se faire aimer. Son succès à Compiègne sera complet. Il y vient en ami de l'Empereur et en admirateur de l'Impératrice, qui tous deux vont faire les honneurs du château.

Une foule immense entoure la gare. L'Empereur, accompagné des généraux Fleury et de Montebello, est venu y chercher le roi. Les deux souverains, en habit de ville, montent seuls dans une calèche découverte. Guillaume Iᵉʳ est suivi par le comte de Pourtalès, son ministre plénipotentiaire à Paris, le général de Bonis, commandant en chef le 8ᵉ corps d'armée prussien, les généraux Manteuffel et d'Alvensleben, aides de camp du roi, et plusieurs autres officiers de sa maison civile et militaire. Lors de l'arrivée dans le château, les tambours battent aux champs. La musique des zouaves de la garde est rangée dans la cour avec les sapeurs et les enfants de troupe en uniforme. Les cent-gardes sont échelonnés sur le grand escalier, au bas duquel l'Impératrice reçoit le monarque prussien, qui lui baise la main et lui offre le bras, pour monter avec elle jusqu'au premier étage. L'Empereur conduit ensuite le roi à ses appartements, situés à l'aile droite du château, de plain-pied avec la terrasse qui domine d'un côté la place et de l'autre les petits massifs du parc. Décoré dans le plus pur style Louis XVI, ce sont des appartements magnifiques. La chambre à coucher, tendue de soie blanche brodée, est de la plus exquise élégance.

La vénerie ayant chassé à courre dans la journée, il y a, le soir, après dîner, dans la cour d'honneur, une curée aux flambeaux à laquelle assiste le roi, du haut d'une des fenêtres de la salle des Gardes.

Lundi 7 octobre. — Avant le déjeuner, chasse à tir. 760 pièces sont abattues. L'Empereur et le roi en tuent chacun une centaine.

A deux heures, promenade en forêt et visite des ruines de Pierrefonds, le vieux château féodal dont la restauration est confiée à l'architecte Viollet-Leduc. La musique des guides joue dans la cour du donjon. Après être resté à Pierrefonds environ une heure, on revient par la forêt au château de Compiègne. Sur la route se pressent de nombreux curieux, à cheval, à pied et en voiture.

Le soir, dîner de gala dans la galerie des fêtes et représentation théâtrale dans la salle de spectacle du palais. La place d'honneur y est occupée par le roi de Prusse ayant à sa droite l'Empereur et à sa gauche l'Impératrice. La représentation est donnée par les artistes de la Comédie-Française, les comédiens ordinaires de l'Empereur, comme on les appelle officiellement.

Voici le programme :

LE BOUGEOIR

Comédie en un acte de M. Clément CARAGUEL

M. de Lucenay.	MM. DELAUNAY.
Lucien.	BRESSANT.
Madame de Lucenay	M⁰⁰ ARNOULD-PLESSY.

LE JEU DE L'AMOUR ET DU HASARD

Comédie en trois actes de MARIVAUX

Pasqui.	MM. RÉGNIER.
Orgon.	PROVOST.
Mario.	DELAUNAY.
Dorante	BRESSANT.
Lisette.	Mmes Augustine BROHAN.
Sylvia.	ARNOULD-PLESSY.

Cette troupe d'élite joue à merveille. Grand amateur de théâtre, le roi Guillaume est charmé. Pendant les entr'actes, les souverains se retirent dans le salon qui précède leur loge, située au milieu de la salle. L'Impératrice se fait raconter en détail par le roi l'attentat auquel il a heureusement échappé à Bade le 14 juillet précédent.

Mardi 8 octobre. — Le régiment des guides et le bataillon des zouaves de la garde sont passés en revue sur la pelouse du parc, par l'Empereur et le roi, tous deux en bourgeois et à pied. Le Prince Impérial porte l'uniforme de caporal des grenadiers de la garde.

Dans la journée, le roi repart pour l'Allemagne, après avoir remis le grand cordon de l'Aigle-Noir à M. Thouvenel, au maréchal Vaillant et au maréchal Magnan. L'Empereur a nommé grand-croix de la Légion d'honneur le général de Bonis, grands-officiers le général baron de Manteuffel, le général d'Alvensleben et le comte de Pourtalès, ministre de Prusse à Paris.

A midi, le roi prend congé de l'Impératrice, et monte seul avec l'Empereur dans une calèche à la Daumont qui le conduit à la gare. Les deux souverains semblent enchantés l'un de l'autre.

Quelques jours après, on lira dans la *Correspondance*

Havas : « On a remarqué que les adieux du roi de Prusse et de l'Empereur ont été forts touchants. Le premier paraissait vivement regretter de quitter si tôt la France, et témoignait sa gratitude pour la sympathie dont il avait été entouré. — Je pars, a-t-il dit, très touché des bontés de Votre Majesté et désolé de la quitter si tôt. — L'Empereur répondit : — Mon plus vif désir eût été de vous garder plus longtemps et de cimenter plus fortement l'amitié qui nous lie. — Le roi reprit en serrant une dernière fois la main de l'Empereur : — Je ne vous dis pas adieu, mais au revoir. — Puis il monta dans le wagon-salon. Au moment où le train allait se mettre en marche, ce dialogue s'échangea entre les deux souverains :

— Bon voyage, sire.

— Je remercie Votre Majesté. Nous nous reverrons l'année prochaine.

— Je l'espère.

— Dieu bénisse Votre Majesté, et qu'elle me conserve l'amitié cordiale dont elle m'a donné tant de preuves !

— Elle vous est acquise tout entière.

L'entrevue de Compiègne était l'objet de commentaires innombrables. Elle inspirait aux Anglais de vives appréhensions. « La France, avait écrit le *Times*, ressemble au lion de la fable, s'efforçant de persuader aux animaux de venir le visiter dans son repaire, et de ne pas s'effrayer des tas d'os qui sont à l'entrée. La France dit au roi de Prusse : — Rassure-toi, nous ne prendrons pas le Rhin avant que nos intérêts l'exigent, mais ils exigent immédiatement une partie de ton territoire, et nous le prendront ». Ces énonciations malveillantes trouvèrent peu d'écho en Prusse, où la population se montra flattée de l'accueil brillant fait à son roi.

L'impression générale de l'Allemagne se trouvait assez exactement résumée dans cette lettre de Munich adressée, le 7 octobre, à la feuille officielle française, le *Moniteur* : « Il serait oiseux de s'arrêter à toutes les suppositions auxquelles donne lieu l'entrevue de Compiègne ; ce ne sont que des bourdonnements sans valeur et sans portée. Tous les gens habitués à observer et à réfléchir ne sauraient envisager cet événement que sous un point de vue essentiellement favorable au maintien de la paix. Sans chercher des secrets politiques là où le plus souvent il n'y en a pas, on doit cependant reconnaitre que le seul fait de la présence de Guillaume Ier en France est un témoignage flagrant des bons rapports existant entre les deux couronnes. L'amitié des souverains constate, sanctionne l'entente cordiale des nations. C'est déjà un résultat immense que l'affaiblissement de ces défiances qui gênent, entravent les relations de deux grands peuples faits pour s'estimer, et cherchant chaque jour à se rapprocher d'une façon plus intime par le commerce, l'industrie, les arts et les sciences. Napoléon III et Guillaume Ier, en se rencontrant dans les circonstances actuelles, fournissent au monde une nouvelle preuve de leurs mutuelles sympathies et de leur désir de réunir leurs efforts pour affirmer cette paix que l'Europe réclame et qui seule peut lui garantir les bienfaits d'une longue et croissante prospérité ».

Hélas ! pourquoi un tel programme ne fut-il pas toujours celui des deux souverains ?

XXVII

Le roi de Prusse Guillaume Ier avait quitté Compiègne le mardi 8 octobre. Le roi de Hollande Guillaume III y arriva le samedi 12. On lisait dans le *Progrès de l'Oise :* « Décidément les visites de souverains ont le privilège de peupler outre mesure cette excellente ville de Compiègne, si calme dans les circonstances ordinaires. Les rues sont encore chargées des pavois arborés au commencement de la semaine pour un roi qui a donné à son court voyage l'apparence d'une promenade chez un voisin de campagne ».

Fils du roi Guillaume II et d'Anne Paulowna, la fille du tsar Paul Ier, la sœur de l'empereur Nicolas, Guillaume III, né le 19 février 1817, avait quarante-quatre ans et demi quand il vint à Compiègne. Il régnait depuis le 17 mars 1849. Monté sur le trône peu après la promulgation de la constitution libérale qui régit actuellement les Pays-Bas, il s'était loyalement attaché à la pratique des institutions parlementaires. Son royaume prospérait. Les recettes budgétaires excédaient les dépenses. Le roi avait donné lui-même l'exemple de l'économie, en faisant réduire de

400.000 florins sa liste civile. Les principes de tolérance religieuse étaient respectés. De grands travaux d'utilité publique, entre autres le desséchement de la mer d'Haarlem, avaient été menés à bonne fin. La situation des colonies n'était pas moins florissante que celle du royaume. Pendant la guerre de Crimée, le roi, malgré ses liens de famille avec la cour de Russie, avait observé une stricte neutralité. Il s'était contenté d'une démarche pacifique auprès de son oncle l'empereur Nicolas, dans l'espoir de faire cesser les hostilités.

Guillaume III avait épousé en 1839 la princesse Sophie (née en 1818, morte en 1877), fille du roi de Wurtemberg Guillaume Ier et d'une fille du tsar Paul, Catherine Paulowna. Guillaume Ier était le frère de cette admirable princesse Catherine de Wurtemberg, qui épousa Jérôme Bonaparte, roi de Westphalie, fut un modèle de dévouement conjugal pour son époux proscrit, et, selon les expressions du prisonnier de Sainte-Hélène, écrivit de ses propres mains son nom dans l'histoire. La reine Sophie était donc la cousine germaine du prince Napoléon et de la princesse Mathilde. Très intelligente, très instruite, très au courant des choses diplomatiques, elle aimait sincèrement Napoléon III. Aucune princesse en Europe ne témoigna au second Empereur plus d'intérêt et de sympathie. Elle lui écrivait souvent, et lui donnait de bons conseils. Avant et après Sadowa, elle ne négligea rien pour lui ouvrir les yeux sur les dangers que la Prusse ferait courir à la France. Le prince d'Orange, fils de Guillaume III et de la reine Sophie, avait la passion de Paris, et quand il y venait, Napoléon III et l'Impératrice lui faisaient le meilleur accueil. Les relations de la famille royale des Pays-Bas et de la cour des Tuileries avaient un caractère spécial de confiance et de cordialité. Guillaume III devait donc être le bienvenu au château de Compiègne.

12 octobre, cinq heures du soir. — L'Empereur, en uniforme de général de division, avec la grand'croix de l'ordre néerlandais, la Couronne de Chêne, est à la gare. Le roi descend de wagon. Il est en uniforme, avec le grand cordon de la Légion d'honneur. Les deux souverains montent en voiture et se dirigent vers le palais. Les cent-gardes à cheval et les zouaves de la garde font la haie dans la cour. L'Impératrice en robe mauve, le Prince Impérial en costume écossais, la princesse Mathilde, la princesse Anna Murat attendent Guillaume III au bas du grand escalier. Derrière la souveraine sont la princesse d'Essling, grande maîtresse de sa maison, les dames du palais, les grands officiers de la couronne.

Dimanche 13 octobre. — Visite aux ruines de Pierrefonds et fête champêtre devant le donjon antique ; légère collation ; bal improvisé, avec la musique des guides pour orchestre ; Leurs Majestés dansent plusieurs quadrilles. On rentre au château de Compiègne vers six heures du soir. Dîner de quatre-vingts couverts, dans la galerie des fêtes. Après le dîner, représentation donnée dans la salle de spectacle par les artistes de la Comédie-Française.

Le Programme est celui-ci :

LES CAPRICES DE MARIANNE

Comédie en deux actes d'Alfred de Musset.

Claudio.	.MM. Provost.
Tibia.	Got.
Cœlio.	Delaunay.
Octave.	Bressant.
Hermia	.Mmes Nathalie.
Marianne.	Favart.

11

LA PLUIE ET LE BEAU TEMPS

Comédie en un acte de M. Léon Gozlan.

L'inconnu	MM. Bressant.
Anselme	Coquelin.
La baronne	Mmes Arnould-Plessy.
Victorine	Rosa Didier.

A l'entrée de Leurs Majestés, la musique des guides joue la marche nationale de Hollande.

Parmi les spectateurs, la princesse Mathilde, le prince Joachim Murat, la princesse Anna Murat, MM. de Forcade, Rouher, Delangle, Magne, Rouland, Thouvenel, le duc et la duchesse de Cambacérès, le duc et la duchesse de Montebello, le marquis de Conegliano.

L'Impératrice porte une robe de soie mauve claire recouverte de point d'Angleterre. Elle a pour coiffure une couronne de feuillage de chêne, ornée de diamants.

La représentation est parfaite.

Lundi 14 octobre. — Chasse à courre dans la forêt. Le rendez-vous est au Puits-du-Roi. Une foule d'environ six mille personnes se presse sur les talus du carrefour. Le Prince Impérial, portant pour la première fois l'uniforme des chasses : chapeau tricorne garni de plumes de cygne, habit vert galonné, gilet rouge à la Louis XV, culotte blanche, bottes molles, et montant un joli poney, arrive le premier au rendez-vous. La foule lui fait une ovation. Un instant après apparaissent l'Empereur, l'Impératrice, le roi des Pays-Bas et leur suite. Après la curée chaude, une collation est servie à l'ombre d'un gigantesque chêne bordant la route.

Mardi 15. — L'Empereur et le roi, laissant à Compiègne l'Impératrice et le Prince Impérial, se rendent

à Paris. Le soir Guillaume III, grand dilettante, assiste,
aux Italiens, à une représentation du *Barbier*,

Mercredi 16. — Il chasse à tir avec l'Empereur dans
le parc réservé de Versailles, déjeune dans la galerie
Louis XIII et dîne aux Tuileries.

Le 17 et le 18, il parcourt Paris incognito. Les dames
de la halle le reconnaissent pourtant et lui offrent un
magnifique bouquet. Il n'a pas voulu loger aux Tuileries, et a préféré comme résidence la légation des
Pays-Bas, aux Champs-Elysées.

Le 19, le roi quitte Paris pour retourner dans ses
Etats. En route, il s'arrête à Compiègne pour prendre
congé de Leurs Majestés. Il y déjeune et repart tout
de suite après. Les cent-gardes font la haie sur les
marches de l'escalier d'honneur, au bas duquel Guillaume III prend congé de l'Impératrice. Le bataillon
des zouaves de la garde est rangé en bataille dans la
cour du palais, où un piquet, fourni par le régiment
des guides, attend le roi pour l'escorter. L'Empereur
monte en voiture avec son hôte et le reconduit à la
gare.

XXVIII

Au moment où Napoléon III recevait le roi des Pays-Bas à Compiègne, l'ambassadeur extraordinaire envoyé par l'Empereur en Prusse, pour le représenter au couronnement du roi Guillaume à Kœnigsberg, était accueilli avec un empressement et des égards qui prouvaient tout le prestige du souverain français. Cet ambassadeur n'aurait pu être mieux choisi ; c'était le maréchal de Mac-Mahon, le héros de Malakoff et de Magenta.

L'Empereur voulut que l'ambassade fût entourée d'une pompe et d'un éclat exceptionnels. La superbe voiture de gala qui avait servi au comte de Morny pour les fêtes du couronnement de l'empereur Alexandre II à Moscou fut restaurée et repeinte : sur les panneaux on substitua aux armes du comte celles du maréchal. Le duc de Magenta emmena avec lui, comme attachés à son ambassade, le colonel Borel, le chef d'escadrons marquis d'Abzac, le capitaine Broye, aide de camp, le comte d'Espeuilles, capitaine aux lanciers de la garde, le comte de Vaulgremont, capitaine d'artillerie, le marquis d'Harcourt et le vicomte de Castries, tous

quatre officiers d'ordonnance. Napoléon III, très flatté
que le roi Guillaume soit venu le voir quelques jours
avant le couronnement de Kœnigsberg, se plaisait à
croire que cette visite était la preuve d'une orientation de la politique prussienne vers l'alliance française. Il voulait, pour répondre aux procédés amicaux du roi, choisir comme ambassadeur extraordinaire un homme dont la gloire militaire jetait un
grand éclat, et qui, par son caractère et par sa bravoure, comme par sa naissance, devait plaire spécialement à Guillaume Ier.

A ce moment, l'entente entre les deux pays paraissait sincère. Le roi, depuis son retour dans ses États,
ne cessait de répéter qu'il avait été à Compiègne sous
le charme de l'Empereur et de l'Impératrice, et que,
reçu absolument comme il aurait désiré l'être, il serait
éternellement reconnaissant des marques de sympathie qui lui avaient été prodiguées. Ces impressions,
partagées par le gouvernement prusssien, devaient
contribuer à l'accueil tout particulièrement bienveillant que le roi et la reine réservaient à l'ambassade
extraordinaire française.

Dès qu'il eut franchi la frontière prussienne, le maréchal de Mac-Mahon fut partout où il était reconnu
sur sa route l'objet d'une curiosité sympathique. Pendant le trajet de Berlin à Kœnigsberg, un wagon était
réservé pour chacune des ambassades extraordinaires, avec une étiquette attachée aux portières.
Dans toutes les stations, la foule se pressait autour du
wagon sur lequel on lisait le nom de la France, et
cherchait à voir son illustre représentant.

L'Angleterre avait pour ambassadeur extraordinaire
lord Clarendon, l'Espagne le duc d'Ossuna, l'Italie le
général della Rocca. Plusieurs puissances s'étaient
fait représenter par des membres des familles impé-

riales ou royales ; la Russie par le grand-duc Nicolas Nicolaïevitch, frère du tsar ; l'Autriche par l'archiduc Charles-Louis, frère de l'Empereur François-Joseph ; la Belgique par le comte de Flandre, fils du roi Léopold Ier ; le Wurtemberg et la Saxe royale par les princes héréditaires ; la Bavière par le prince Luitpold.

A Kœnigsberg, le 16 octobre, les ambassadeurs extraordinaires furent admis successivement à présenter au roi leurs lettres de créance. A cinq heures, Guillaume Ier présida, au château, un grand dîner auquel tout le personnel des ambassades était invité. Le soir, les États de la province offrirent au roi et à la reine un concert et un bal. L'orchestre et les chœurs exécutèrent l'hymne national. A la reprise, les assistants, par un mouvement unique et spontané, unirent leurs voix à celles des choristes. Dans la soirée, le grand-duc Nicolas s'approcha du maréchal de Mac-Mahon, et lui tint un langage qui ne pouvait que flatter son patriotisme et son dévouement à son souverain. Quelques instants après, l'archiduc Charles-Louis en fit autant que le grand-duc, et cet empressement fut d'autant plus remarqué que le maréchal n'avait pas encore fait de visites et ne s'était point fait présenter aux deux princes. On trouvait que la courtoise démarche des frères de deux grands monarques avait une haute signification, et prouvait la grandeur à laquelle s'était élevée la France sous le règne de Napoléon III.

18 octobre. — A huit heures et demie du matin, une messe fut dite par l'archevêque de Posen, et un *Te Deum* fut chanté dans l'église catholique de Kœnigsberg. Le maréchal de Mac-Mahon y assista, avec toute l'ambassade française, ainsi que les autres représentants des puissances catholiques.

A dix heures, le couronnement eut lieu dans la chapelle des chevaliers teutoniques, qui fait partie du
vieux château. Cette chapelle, de style gothique, forme
un parallélogramme régulier, éclairé par cinq fenêtres
sur chacun de ses grands côtés. L'autel a un caractère simple et grave. Une galerie de style gréco-ro-
main s'étend, à la hauteur d'un premier étage, sur
tout le côté faisant face à l'autel. Cette galerie était
destinée au corps diplomatique, et le pavillon du milieu avait été réservé aux ambassadeurs extraordinaires.

Au moment où le maréchal de Mac-Mahon se disposait à se rendre à la chapelle, il reçut de la part du
roi les insignes de la grand'croix de l'Aigle Noir, qui
lui furent remis par le prince de Hohenlohe, avec les
compliments les plus gracieux pour lui-même et les
paroles les plus sympathiques pour Napoléon III et la
France. A son entrée à la chapelle, il fut invité à re-
vêtir le manteau de l'ordre en velours écarlate, avec
lequel il assista à la cérémonie.

Quelques minutes après dix heures, des salves d'artillerie retentirent. Une fanfare éclata dans la cour du
château. Le roi, à qui s'étaient joints les princes de
la famille royale, les chevaliers de l'Aigle Noir et les
grands dignitaires de la couronne, venait de sortir de
ses appartements, et s'avançait sur le palier commu-
niquant au trône gigantesque qu'on avait érigé au
centre de la façade opposée à la chapelle. Une immense acclamation, poussée par dix mille spectateurs
entassés dans la cour, salua le souverain, pendant que
les clairons sonnaient, que les tambours battaient aux
champs, et que les musiques des régiments de la garde
faisaient entendre l'hymne national prussien. Guillaume Ier portait l'uniforme de général d'infanterie de
sa garde, avec le manteau de l'ordre de l'Aigle Noir.

Derrière lui, un de ses généraux tenait en main l'étendard royal de Prusse, à côté duquel marchaient M. de Redern, grand chambellan, et M. de Schleinitz, ministre de la maison du roi. Venaient ensuite le prince héréditaire, les autres princes de la famille royale et une foule d'officiers généraux.

Une galerie couverte traversait la cour par le milieu et joignait au château la chapelle, où le roi, suivi de son cortège, fit son entrée au milieu d'un religieux silence. Peu d'instants après, la reine, portant une toilette blanche avec une parure de diamants, entra, accompagnée de sa Cour. Arrivés en face de l'autel, le roi et la reine se tinrent debout sur les marches de leurs trônes. Le prince royal prit place sur une estrade à côté du souverain. La princesse royale et les autres princesses, rangées à la droite de la reine, avaient en face d'elles les grands dignitaires qui portaient les insignes de la royauté.

Le service divin fut célébré selon les règles de la liturgie luthérienne. Le président supérieur du consistoire officiait ; au *Domine salvum fac regem*, le grand maître des cérémonies, le grand maréchal et le chancelier déposèrent sur une sorte d'autel les insignes royaux. A ce moment, une éclatante fanfare retentit dans le temple. Le roi descendit de son trône, ôta le manteau de l'Aigle Noir, et revêtit le manteau royal doublé d'hermine parsemé d'aigles et de couronnes d'or. Puis il gravit les marches de l'autel, s'inclina profondément, saisit la couronne et la posa sur sa tête. Un instant après, il prit le sceptre de la main droite, et se retourna du côté de l'assistance, en étendant sur elle ce symbole du pouvoir souverain. Le même cérémonial fut suivi pour le globe et pour le glaive ; à chaque insigne pris en main par le roi, l'officiant disait un verset de la Bible, commentant le sens de ces insignes extérieurs de la royauté. Guillaume Ier regagna ensuite son trône, et la reine descendit du sien. Elle s'agenouilla devant son époux, et reçut de ses mains la couronne. Puis, tous deux se prosternèrent et prièrent. L'assistance entière se prosterna en même temps, pendant qu'un hymne de triomphe, entonné par les chanteurs de la chapelle royale et soutenu par la voix majestueuse de l'orgue, retentissait sous la voûte de l'antique édifice des chevaliers de Jérusalem.

Le roi revint au château par le chemin qu'il avait pris pour se rendre à la chapelle, et alla s'asseoir sur le trône. Les troupes rangées en bataille lui rendirent les honneurs militaires ; les drapeaux de l'armée s'inclinèrent devant lui ; pendant plus d'un quart d'heure, les acclamations retentirent. Les présidents de la Chambre des Seigneurs et de celle des Députés lui adressèrent des discours, auxquels il répondit par une contre harangue qui électrisa l'auditoire. Puis un héraut d'armes à cheval s'avança au milieu de la cour du château, et cria, d'une voix de stentor : Vive le roi Guillaume Ier, cri qui fut répété par les vingt mille témoins de cette scène. La foule tout entière chanta en chœur l'hymne national, accompagné par les trompettes de la cavalerie de la garde. Le roi salua trois fois avec le sceptre, et reprit le chemin de ses appartements. Le soir, il y eut au château un dîner de gala. Berceau de la dynastie, la ville de Kœnigsberg était fière d'avoir ajouté ses antiques monuments et ses traditions séculaires aux pompes du couronnement. Le soir, tous les édifices furent illuminés.

XXIX

LE BAL DU MARÉCHAL DE MAC-MAHON

Avant leur départ pour Kœnigsberg, les ambassadeurs extraordinaires furent invités à des fêtes qui devaient avoir lieu à la Cour après le retour de Guillaume Ier à Berlin. Le roi fit son entrée solennelle dans sa capitale, le 22 octobre. Le chemin qu'il avait à parcourir de la gare au château était marqué par une double rangée de mâts vénitiens portant de longues flammes aux couleurs de la Prusse. Mais il n'y avait point de haies de soldats, et la police ne se montrait nulle part. Le peuple seul était chargé de maintenir l'ordre. Guillaume Ier fut reçu à la porte de la ville par les magistrats municipaux. En tête du cortège s'avançaient à cheval, en vertu d'un ancien privilège, les corporations des brasseurs et des bouchers, avec le chapeau à trois cornes et l'écharpe prussienne. Venaient ensuite les notables commerçants, quelques pelotons de cavalerie, les voitures de la Cour, puis le roi, précédé de deux écuyers, et suivi d'un nombreux état-major, où figuraient les princes. Les dames de la reine occupaient quatre voitures à six chevaux. Puis venait le carrosse à huit chevaux, style Louis XIV, entièrement

doré et surmonté de la couronne royale, dans leque
se tenaient la reine Augusta et la princesse, femme du
prince héritier. Le soir, toute la ville fut illuminée. Le
roi et la reine se promenèrent en voiture découverte,
sans escorte.

23 octobre. — Revue de dix mille hommes sur la promenade des Tilleuls. Le maréchal de Mac-Mahon, sur
le cheval alezan monté par lui à la bataille de Magenta,
excitait l'attention générale. Quand, après la revue, il
retourna à son hôtel, suivi de son état-major, la foule
se porta avec empressement sur son passage. Après le
roi, c'est lui qui avait eu le plus grand succès. Dans la
journée, la reine fit le meilleur accueil à la duchesse
de Magenta. Le soir, le maréchal dina chez le prince
Frédéric-Charles, neveu du roi, et assista à une représentation de gala à l'Opéra, où l'on donnait *Olympia,*
de Spontini.

24 octobre. — Concert au château, dans la salle
blanche. Derrière les places réservées pour Leurs
Majestés et la famille royale, se tenaient les ambassadeurs extraordinaires. L'orchestre était dirigé par
Meyerbeer, directeur de la musique du roi. Au programme un morceau du comte de Redern, grand
chambellan ; une fantaisie à quatre mains sur des
motifs de la *Norma,* jouée par M. de Konski et M. Hans
de Bulow, gendre de Liszt ; un hymne de couronnement
par Meyerbeer.

25 octobre. — L'ambassade extraordinaire française
dina chez le prince royal, et assista au bal donné par
le roi.

26 octobre. — Dîner à la Cour, et bal chez le prince
Charles.

29 octobre. — Bal offert au roi et à la reine par le
maréchal de Mac-Mahon, dans l'hôtel de la légation de
France.

La légation, qui à cette époque n'était pas érigée en ambassade, occupait un bel hôtel situé *Pariser Platz*, à côté de la promenade des Tilleuls. C'est là encore la résidence de l'ambassade actuelle.

Le personnel de la légation, à l'exception du ministre en congé, avait été incorporé dans l'ambassade extraordinaire. Le baron de Belcastel, chargé d'affaires, le comte de La Rochefoucauld et M. de Dulçat, secrétaires, le comte de Chateaubriand, le baron de Ring, le comte de Couronnel, attachés, en faisaient partie, et tous, mêlés aux aides de camp et aux officiers d'ordonnance du maréchal, étaient groupés derrière lui pour recevoir le roi et la reine, au bas du grand escalier, dès que Leurs Majestés descendraient de voiture.

Six cents invitations ont été lancées. Le bal sera magnifique. C'est plus qu'une fête, c'est un événement politique, objet de tous les entretiens de la Cour et de la ville. On le considère, en quelque sorte, comme une continuation de l'hospitalité splendide reçue par le roi à Compiègne.

Le maréchal a fait les choses en grand seigneur de l'ancien régime. Il porte avec l'uniforme de maréchal de France et le grand cordon de l'Aigle Noir, la culotte courte de casimir blanc, les bas de soie et les souliers à boucle. Bien que dans les bals de cour, l'usage ait permis le pantalon avec bandes brodées d'or, il a prescrit la culotte à tout le personnel de l'ambassade. La maréchale est vêtue d'une robe bleue avec une parure en diamants.

Leurs Majestés arrivent à neuf heures et demie. Le roi a revêtu l'uniforme de hussards de la garde, avec le grand cordon de la Légion d'honneur. La reine porte une robe de dentelle blanche, avec le grand cordon et la plaque en diamants de l'Aigle Noir. Guillaume Ier donnant le bras à la duchesse de Magenta, et la reine donnant le bras au maréchal, gravissent les degrés de l'escalier, au centre duquel apparaît un rocher haut de six mètres, avec des cascades et des fleurs, d'où sortent alternativement des lueurs de gaz et des jets d'eau. Leurs Majestés font leur entrée dans la grande salle, superbe avec ses palmiers d'or hauts de trente pieds, rehaussés d'armures et de drapeaux français et prussiens. Ses panneaux en cuir de Cordoue sont ornés de panoplies. Au fond de la salle, on a dressé une estrade, et sur cette estrade surmontée par un dais avec lambrequins de velours rouge à franges d'or, deux trônes pour le roi et la reine. Leurs Majestés ne se trouvant plus assez jeunes pour danser, c'est, dans le quadrille d'honneur, la princesse royale qui ouvre le bal avec le maréchal de Mac-Mahon et le prince royal avec la maréchale. Le maréchal danse un second quadrille avec la princesse Frédéric-Charles ; très belles, très élégantes, les deux princesses ont grand succès.

Leurs Majestés descendent de leur trône. La reine, après s'être assise sur un canapé à côté de la grande-duchesse de Weimar, fait le tour des salons. Le roi va d'une pièce à l'autre, causant de la manière la plus affable avec un grand nombre de personnes.

Le souper royal a lieu à minuit, dans une salle immense construite sur l'emplacement du jardin. Éclairée par deux mille bougies, cette salle de style mauresque, aux couleurs éclatantes, où l'on descend par deux grands escaliers précédés d'une galerie, présente un aspect féerique. La table royale est couverte de candélabres et de pièces d'argent qui resplendissent. Tout le service, porcelaines, verreries, linge, argenterie est marqué aux armes du maréchal. Le roi et la reine prennent place à côté l'un de l'autre au milieu de la table, et veulent avoir auprès d'eux le maréchal et la duchesse de Magenta. A peine assis, Guillaume Ier ayant demandé une plume, du papier et de l'encre, écrit lui-même cette dépêche télégraphique : « Minuit un quart. Le roi de Prusse à l'empereur des Français. Je remercie Vos Majestés de la fête magnifique que l'ambassade nous donne en ce moment. GUILLAUME ». Cette dépêche, portée immédiatement au télégraphe, arrive à Compiègne à minuit et demi.

Le souper est fort beau. Le roi et la reine restent environ une heure à table, remontent dans les salons, assistent encore à quelques danses, et se retirent à deux heures du matin, après avoir félicité et remercié dans les termes les plus courtois le maréchal et la duchesse de Magenta.

Leurs Majestés une fois parties, les danses continuent dans la grande salle de bal, le salon rouge, le salon vert, et ne finissent qu'avec l'aurore. Dans la salle de souper, les tables se renouvellent sans cesse. La dernière est servie à six heures du matin. Les Berlinois ne se souviennent point que jamais ambassade ait donné dans leur ville une fête aussi fastueuse. Tout le monde s'accorde à dire que c'est là un nouveau gage des relations parfaites qui existent entre la Prusse et la France.

31 octobre. — Le maréchal de Mac-Mahon, la maréchale et tout le personnel de l'ambassade dînent chez le roi. Cette invitation tient lieu d'audience de congé. L'ambassadeur extraordinaire remercie le souverain de l'accueil qu'il a reçu. Sa mission est terminée.

XXX

LA QUESTION MEXICAINE

Pendant que la villégiature impériale continuait, à Compiègne, de la manière la plus agréable et la plus brillante, le gouvernement de Napoléon III préparait, de concert avec l'Angleterre et l'Espagne, une expédition qui devait être fatale à la dynastie et à la France. Au début, la question mexicaine n'inspirait point de graves appréhensions. L'opinion générale était que les trois grandes puissances auraient facilement raison d'un État faible comme le Mexique, et parviendraient promptement à faire régler, dans des conditions satisfaisantes, les justes réclamations de leurs nationaux.

Aucune expédition ne fut, dans le principe, plus légitime que l'expédition du Mexique. L'honneur exigeait que les trois puissances, dont les nationaux avaient été si cruellement lésés, obtinssent d'indispensables réparations. Le Mexique, ce beau pays qui, avec son vaste territoire, son sol fertile, sa magnifique position entre les deux Océans, devrait être un État riche et prospère, était entré dans une période de spoliations et d'excès qui ne pouvaient rester plus longtemps impunis.

A la fin de 1860, le général Miramon, chef du parti conservateur, avait été forcé de quitter Mexico, et M. Juarez, Indien d'origine, chef du gouvernement, soi-disant libéral, qui siégeait à la Vera-Cruz, était venu le remplacer en qualité de président de la République mexicaine. A peine installé au pouvoir, M. Juarez avait témoigné son hostilité systématique contre les Européens. Le 12 janvier 1861, il adressait au ministre d'Espagne, M. Pacheco, une note de quelques lignes ; il lui déclarait qu'il le considérait comme l'ennemi du Mexique et lui enjoignait de quitter le pays, sans autre délai que le temps strictement nécessaire pour les préparatifs de son voyage. La même mesure brutale avait été prise contre Mgr Clementi, représentant du Saint-Siège, et contre le ministre de Guatemala, sous le prétexte que ces agents diplomatiques s'étaient, comme M. Pacheco, montrés favorables au parti conservateur.

Le vice-consul de France à Zacatecas était incarcéré pour n'avoir pas voulu payer une contribution illégale ; pour un refus pareil, le vice-consul, à Tépic, perdait la vie à la suite de cruels traitements. Le ministre de France lui-même avait failli être victime d'un de ces attentats dont les Européens étaient sans cesse l'objet. Assassinats, réquisitions, emprunts forcés, confiscations, exactions de toute nature, se multipliaient dans des proportions effrayantes. Le 17 juillet, le Congrès mexicain vota une loi qui suspendit pour deux ans le paiement des dettes inscrites dans les *Conventions étrangères*, et permit au gouvernement de s'emparer des quatre à cinq mille piastres destinées à garantir l'exécution des engagements internationaux. Cette fois, la mesure était comble. Les ministres de

France et d'Angleterre rompirent immédiatement leurs relations diplomatiques avec M. Juarez, et reçurent de leur gouvernement l'ordre de quitter Mexico. Dès ce moment, une expédition fut décidée en principe par les cabinets de Paris, de Londres et de Madrid.

Ce n'était pas la première fois que la France était obligée de prendre des mesures de rigueur contre le gouvernement mexicain. Une escadre commandée par le prince de Joinville avait, en 1838, bombardé Saint-Jean-d'Ulloa, et, en 1858, quelques forces navales françaises, sous les ordres du contre amiral Penaud, avaient été envoyées dans les eaux de la Vera-Cruz. En 1861, M. Dubois de Saligny, ministre de France, écrivait à M. Thouvenel : « Le gouvernement de l'Empereur reconnaitra sans doute l'urgente nécessité de faire respecter, quoi qu'il arrive, les intérêts et l'honneur de la France... La force seule pourra contraindre le gouvernement mexicain à remplir ses engagements envers nous ».

Aucun Français ne pouvait alors reprocher à Napoléon III de faire acte d'énergie et de prendre en main la cause de nationaux qu'il avait le droit et le devoir de défendre. On approuvait donc sa conduite, et l'on ne soupçonnait pas encore les vastes et dangereux projets que l'Empereur rattachait à une affaire qui, d'abord, semblait devoir être maintenue dans de sages limites...

On avait compté sans l'imagination ardente du souverain cosmopolite, qui, en intervenant dans les affaires intérieures du Mexique, croyait assurer la prospérité de ce pays, et créer, en même temps, ce qu'on pourrait appeler l'équilibre américain. Après l'échauffourée de Strasbourg, il avait séjourné pendant quelques mois aux États-Unis, et, tout en professant pour la grande République américaine une sympathie et une admiration profondes, il avait cru que son trop considérable agrandissement pourrait devenir un danger pour les puissances européennes, spécialement pour la race latine.

Pendant sa captivité de Ham, le futur empereur s'était beaucoup occupé de l'Amérique centrale, dont la partie septentrionale est formée par des territoires mexicains, et il avait fait pour ces contrées des rêves de gloire et de prospérité inouïes. L'ouvrage alors écrit par lui sous ce titre : *Le canal de Nicaragua* ou *Projet de jonction des Océans Atlantique et Pacifique au moyen d'un canal*, est l'exposé du plan grandiose qu'il méditait. En 1842, plusieurs personnes considérables de l'Amérique centrale lui écrivaient pour l'engager à demander sa liberté et à se rendre dans le Nouveau-Monde où, disaient-elles, il serait reçu avec enthousiasme et pourrait entreprendre des travaux dignes de son nom et de son esprit actif.

En 1844, M. Castelar, envoyé comme ministre plénipotentiaire auprès du roi Louis-Philippe par les États de Guatemala, de Salvador et de Honduras, fut autorisé à voir le prisonnier de Ham. Le 6 décembre 1845, il lui écrivit une lettre datée de Léon de Nicaragua, dans laquelle il disait : « Je suis heureux de faire savoir à Votre Altesse que le gouvernement de cet État, pleinement convaincu que le vrai moyen de réaliser le capital nécessaire à l'entreprise est de le placer sous le patronage d'un nom indépendant par la fortune et la position, s'arrête à Votre Altesse comme à la seule personne pouvant remplir les conditions voulues ».

En 1846, le prince reçut à Ham une lettre de M. de Montenegro, ministre des Affaires étrangères de Nicaragua, qui lui conférait officiellement tous les pouvoirs nécessaires pour organiser une Compagnie en

Europe, et lui annonçait que le grand ouvrage destiné à ouvrir une nouvelle route de commerce du monde recevrait le nom de *Canale Napoleone de Nicaragua.*

Dans la brochure dont nous venons de parler, Louis-Napoléon écrivit alors : « La jonction des deux Océans aura pour effet de raccourcir de trois mille milles la distance qui sépare l'Europe de tout le littoral occidental de l'Amérique, ainsi que de l'Océanie ; de rendre les communications avec la Chine, le Japon, la Nouvelle-Zélande et la Nouvelle-Hollande rapides et faciles par la navigation à vapeur ; d'élever immédiatement à un degré prodigieux de prospérité les contrées qu'une pareille entreprise fera chaque année traverser par deux à trois mille navires marchands ; d'ouvrir de nouvelles voies au commerce et de nouveaux débouchés aux produits européens ; de hâter, en un mot, de plusieurs siècles, les progrès du christianisme et de la civilisation sur la moitié du globe ». Le prince se figurait quelque « nouvelle Constantinople », surgissant aux limites de l'Amérique du Nord et de l'Amérique du Sud, comme l'antique Byzance aux confins de l'Europe et de l'Asie, et s'imaginait que la race latine, se relevant dans le Nouveau-Monde, servirait de contrepoids à la domination anglo-saxonne.

En 1861, les rêves du prisonnier allaient-ils être réalisés par l'Empereur ? Le moment n'était-il pas venu de créer sur des bases solides un équilibre américain ! Sur les trente-quatre États dont se composait la grande république américaine, onze s'étaient séparés de l'Union et avaient formé une confédération au Sud. Cette nouvelle confédération, qui venait d'engager contre le Nord une guerre plus que civile, *plus quam civilia bella,* ne serait-elle pas l'alliée naturelle d'un Mexique fortifié et régénéré ?

Napoléon III se croyait le régénérateur par excellence. Il ne lui suffisait pas de vouloir régénérer l'Italie, la Chine, la Syrie, les Principautés Danubiennes et les autres régions de la péninsule des Balkans. Il prétendait aussi faire le bonheur des Mexicains, et substituer à leur république affaiblie et déchirée par la discorde un empire puissant et prospère. On lui disait que le parti conservateur, opprimé par une minorité factieuse et tyrannique, n'attendait que l'arrivée de soldats français pour se lever et pour fonder cet empire régénérateur. Napoléon III le croyait. Il s'imaginait de bonne foi que le Mexique verrait en lui non point un conquérant, mais un bienfaiteur, et que l'œuvre entreprise par la France dans ces lointains parages serait une œuvre de concorde et d'humanité, de progrès et de civilisation.

XXXI

LA CONVENTION DE LONDRES

La France, l'Angleterre et l'Espagne résolurent de réunir leurs forces pour obtenir du Mexique les satisfactions légitimes et signèrent à cet effet la convention de Londres, du 31 octobre 1861.

Par l'article premier, les trois puissances décidaient l'envoi au Mexique de forces de terre et de mer combinées, dont l'ensemble devait être suffisant pour occuper les différentes forteresses et positions militaires du littoral. Les commandants des forces alliées étaient, en outre, autorisés à accomplir toutes les opérations propres à assurer la sécurité des résidents étrangers, et toutes les mesures adoptées devaient être prises au nom et pour le compte des hautes parties contractantes, sans acception de la nationalité particulière des forces employées à les exécuter.

Par l'article 2, les puissances s'engageaient à ne rechercher pour elles-mêmes aucune acquisition de territoire ou aucun avantage particulier; à n'exercer, dans les affaires intérieures du Mexique, aucune influence de nature à porter atteinte au droit de la na-

tion mexicaine de choisir et de constituer librement
la forme de son gouvernement.

L'article 3 stipulait qu'une commission mixte composée de trois commissaires, l'un français, l'autre anglais et le troisième espagnol, serait établie avec plein
pouvoir de statuer sur toutes les questions que pourraient soulever l'emploi et la distribution des sommes
d'argent qui seraient recouvrées.

Par l'article 4, les parties contractantes, désirant
que les mesures à prendre n'eussent pas un caractère
exclusif, et sachant que le gouvernement des États-
Unis avait, de son côté, des réclamations à faire valoir contre la République mexicaine, convenaient que
le cabinet de Washington serait invité à adhérer à la
convention de Londres. Cette adhésion éventuelle du
gouvernement fédéral ne devait point d'ailleurs mo-
tiver de retard, et les trois puissances n'attendraient
point la réponse du cabinet de Washington au delà
de l'époque à laquelle leurs forces combinées pourraient être réunies dans les parages de la Vera-Cruz.

La convention était signée, pour la France, par le
général de Flahault ; pour l'Espagne, par M. Xavier
de Isturitz ; pour l'Angleterre, par lord John Russell.
A en juger par le texte, l'accord des trois puissances
était complet. Au fond, elles ne s'entendaient pas, et
avaient, relativement aux affaires mexicaines, des vi-
sées tout à fait différentes.

Napoléon III nourrissait déjà le projet de détruire
la République mexicaine pour fonder un empire dont
l'archiduc Maximilien d'Autriche, frère de l'Empereur
François-Joseph, serait le souverain. Mais ce projet
n'entrait nullement dans les combinaisons de l'Angleterre et de l'Espagne. On savait très bien à Londres
que les États-Unis, le jour où ils auraient terminé
leur guerre civile, feraient une opposition acharnée

contre l'établissement d'un empire américain, et l'Angleterre ne se souciait nullement d'entrer en lutte avec la grande République américaine. D'autre part, elle était fermement résolue de ne peser en aucune manière sur la volonté des habitants du Mexique, et faisait du principe de non intervention la règle absolue de sa conduite.

Quant à l'Espagne, elle aurait vu avec plaisir un membre de la famille des Bourbons fonder une monarchie à Mexico. Mais elle ne désirait pas le règne d'un prince de la maison d'Autriche, et ne voulait faire aucun sacrifice pour un frère de l'empereur François-Joseph.

Les cabinets de Londres et de Madrid n'avaient point d'ailleurs caché leur sentiment. « Le principe de non intervention est notre règle, écrivit lord John Russell ; cette règle, sage presque toujours, l'est surtout au Mexique, à cause des factions, qui y sont nombreuses ; à cause de l'étendue du pays, qui exigerait un corps d'armée considérable ; à cause des États-Unis, toujours ombrageux et en éveil ; les Espagnols seraient odieux aux libéraux, les Anglais aux réactionnaires ; si l'arrivée de notre flotte provoque un changement dans la politique mexicaine, nous nous en réjouissons ; mais nous croyons qu'une attitude réservée est la meilleure pour nous, pour l'Europe et pour le Mexique ». Lord Russell eut soin de tenir un langage analogue au chargé d'affaires des États-Unis à Londres, pour prévenir toute querelle avec la grande République.

Quant à l'Espagne, son ambassadeur à Paris, M. Mon, dit à M. Thouvenel : « L'Espagne n'a d'autre objectif que la protection de ses nationaux et le rétablissement de l'ordre. Si les Mexicains veulent un changement de régime, c'est à eux qu'il appartient de se prononcer ».

Ainsi Napoléon III n'était d'accord ni avec l'Angleterre, ni avec l'Espagne sur le but final de l'expédition. Quant aux mesures d'exécution stipulées par l'arrangement de Londres, tout restait dans le vague. La convention gardait le silence sur le chiffre des contingents. Elle laissait aux chefs militaires des pouvoirs indéterminés de nature à provoquer les malentendus les plus graves. L'article premier leur accordait l'autorisation « d'accomplir les opérations qui seraient jugées, sur les lieux, les plus propres à réaliser le but spécifié ». Quelles étaient ces opérations ? Les commandants des forces alliées pourraient-ils s'enfoncer dans l'intérieur des terres, franchir les pentes des montagnes, s'avancer jusqu'à Mexico ? La convention ne précisait rien. L'obscurité était sans doute voulue. Par crainte de ne pas s'entendre, on ne s'était pas expliqué.

Quant au plus grand danger de l'expédition, c'est-à-dire l'opposition des États-Unis, on n'en parlait même pas, et l'on feignait de croire à la possibilité d'un accord entre la grande République américaine et les trois puissances signataires de la convention de Londres. C'était là une illusion profonde. Aussi se décidait-on à agir avant même d'attendre la réponse du cabinet de Washington. Au Mexique, comme en Crimée, comme en Italie, Napoléon III laissait au hasard une grande part, se fiant toujours à son étoile pour résoudre les difficultés des situations confuses, et pour sortir des embarras qu'il se créait lui-même. Au fond, il prévoyait peut-être que le soi-disant accord des trois puissances ne serait qu'un trompe-l'œil, et que des conflits résulteraient d'un acte diplomatique destiné à être caduc quelques mois après avoir été signé. Mais, plus l'entreprise était aléatoire, plus l'Empereur s'y complaisait. Il aimait à tenter la fortune.

L'Impératrice, qui n'avait pas sur les affaires italiennes les mêmes idées que son époux, était d'accord avec lui sur la question du Mexique. Elle la prenait tout spécialement à cœur, et croyait qu'une intervention y serait utile aux intérêts de ses deux patries, l'Espagne et la France. Elle était persuadée que l'établissement d'une monarchie forte à Mexico ferait contre-poids à la puissance exagérée des États-Unis, qui, sans cette combinaison, finiraient par enlever aux Espagnols Cuba et Porto-Rico, et aux autres puissances européennes toutes leurs colonies d'Amérique.

Il y avait en France plusieurs émigrés appartenant au parti conservateur mexicain, et considérables, soit par le rôle politique qu'ils avaient joué dans leur pays, soit par leur situation sociale ou leur fortune. Tels étaient M. Guttierez de Estrada, le général Almonte, M. Hidalgo et l'archevêque de Mexico, Mgr Labastida. L'Impératrice les accueillait avec une grande bienveillance aux Tuileries. Ils entretenaient la souveraine, dans sa langue maternelle, de projets qui, disaient-ils, seraient glorieux pour la race latine tout entière. Ils lui persuadaient que la France catholique ferait une œuvre pieuse et civilisatrice en amenant au Mexique la chute d'un parti hostile à la religion, comme aux principes conservateurs, et en aidant le pays à constituer un pouvoir honnête et chrétien.

L'Impératrice avait conservé à sa première patrie un vif attachement. L'insulte faite à l'Espagne par l'expulsion brutale de son représentant à Mexico devait être vengée. La femme de Napoléon III se réjouissait à la pensée que le pavillon de Castille allait reparaître, puissant et honoré, dans des parages où il avait si longtemps et si glorieusement flotté.

En apprenant, à Compiègne, que la convention de Londres venait d'être signée, l'Empereur et l'Impératrice éprouvèrent une vive satisfaction. Quant au public, il ne fut point d'abord inquiet. On n'imaginait pas qu'un pays pauvre et affaibli comme le Mexique pourrait résister à trois puissances telles que la France, l'Angleterre et l'Espagne. On se disait qu'il serait d'autant plus impuissant, que les États-Unis, divisés contre eux-mêmes, et ne justifiant plus leur nom, ne seraient pas en mesure de le soutenir. On espérait que la gigantesque guerre civile qui armait le Sud contre le Nord ne permettrait pas au cabinet de Washington d'ajouter à des difficultés colossales une lutte avec les trois puissances qui faisaient valoir contre le gouvernement de Juarez des réclamations incontestablement légitimes. L'opinion était donc rassurée, et, au début, les dangers de l'expédition du Mexique ne furent appréciés que par quelques esprits plus prévoyants et plus perspicaces que les autres.

XXXII

L'Empereur et l'Impératrice, qui étaient arrivés à Compiègne le 4 octobre, y restèrent jusqu'au 9 décembre. Plusieurs *séries* d'invités se succédèrent en novembre.

Le lundi 4, Leurs Majestés reçurent la visite de deux princes portugais, frères du roi Don Pedro V, le duc d'Oporto et le duc de Béja. Le même jour, on vit arriver au château le prince Napoléon, la princesse Clotilde, le prince et la princesse Lucien Murat, avec leur fille, la princesse Anna, le maréchal et la maréchale Regnaud de Saint-Jean-d'Angély, le général de Montauban, M. Nigra, M. Errazu et sa fille, le général Frossard, l'amiral Hamelin, le baron Haussmann, M. Émile Augier, M. Théophile Gautier, etc.

L'Empereur et l'Impératrice firent l'accueil le plus empressé aux princes portugais.

Distingués, courtois, élégants cavaliers, ces deux jeunes gens excitaient une grande sympathie. L'un, l'infant Luiz, duc d'Oporto, était né le 31 octobre 1838 ; l'autre, l'infant Jean, duc de Béja, le 16 mars 1842. Tous deux étaient fils de la reine Dona Maria II et du prince Fernand de Saxe-Cobourg-Gotha. Leur frère régnait en Portugal, sous le nom de Don Pedro V.

L'Empereur, à l'arrivée de ses hôtes, portait le grand cordon des trois ordres militaires du Portugal que les souverains seuls ont le droit de porter. L'Impératrice avait le grand cordon de l'ordre portugais de Sainte-Isabelle.

Les deux jeunes princes jouissaient de la réception si amicale qui leur était faite, quand, le mardi 5 novembre, après une chasse à courre, ils reçurent de Lisbonne une dépêche télégraphique leur annonçant la grave maladie de leur frère, l'infant Don Fernando, âgé de quatorze ans. Le bal qui devait avoir lieu le soir fut aussitôt contremandé. Les princes demandèrent à l'Empereur la permission de se retirer dans leurs appartements et passèrent la nuit en proie à de cruelles angoisses. Le matin, une seconde dépêche annonça la mort de l'infant Don Fernando. Pour le moment, on crut devoir ne pas dire aux princes toute la vérité. On leur apprit seulement que la situation de l'infant était désespérée.

Le départ de Compiègne fut immédiatement décidé. Les princes prirent congé de Leurs Majestés. A Paris, on leur annonça la fatale nouvelle, et ils partirent aussitôt pour Lisbonne. Ils étaient en route quand un nouveau malheur les frappa. Leur frère, le roi Don Pedro V, mourut subitement.

Ce fut le 12 novembre qu'on apprit à Compiègne la mort du jeune souverain. Le spectacle qui devait avoir lieu le 13 fut indéfinime..t ajourné, et la fête de l'Impératrice, la Sainte-Eugénie, qu'on célébrait toujours le 15, fut remise au 23.

Don Pedro V venait d'avoir vingt-quatre ans (il était né le 16 septembre 1837). Il avait succédé à sa mère, la reine Dona Maria II, le 15 novembre 1853, sous la régence de son père le prince Fernand de Saxe-Cobourg-Gotha, qui portait le titre de roi. Il visita l'Angleterre, la France, l'Italie, la Suisse et la Belgique, en attendant sa majorité constitutionnelle, qu'il atteignit à l'âge de dix-huit ans, le 16 septembre 1857. A partir de ce jour il régna effectivement. Il épousa une princesse de Hohenzollern-Sigmaringen.

Don Pedro V et le duc d'Oporto avaient été, en 1855, lors de l'Exposition universelle, les hôtes de Napoléon III. C'est même ce jeune roi de dix-huit ans qui donna le signal des visites de souverains si fréquentes sous le second Empire.

Don Pedro avait laissé le meilleur souvenir à la Cour des Tuileries. Sa mort si imprévue et si prématurée causa de vifs regrets. Il eut pour successeur son frère, l'infant Luiz, duc d'Oporto, qui avait quitté Compiègne le 6 octobre. (C'est ce prince qui monta sur le trône le 11 novembre 1861, épousa en 1862 Marie-Pie, fille du roi d'Italie Victor-Emmanuel, et mourut, le 19 octobre 1889, laissant la couronne à son fils, le souverain actuel du Portugal, Charles Ier, époux de la princesse Marie-Amélie d'Orléans, fille du comte et de la comtesse de Paris).

La veille du jour où l'on avait appris à Compiègne la mort du roi Don Pedro V, une nouvelle série d'invités y était arrivée. Elle comprenait le prince et la princesse de Metternich, le comte Adalbert de Périgord, le prince de Reuss, le baron et la baronne de Poilly, lord Murray, le comte Walewski et la comtesse Walewska, MM. Octave Feuillet, Gounod, Camille Doucet, Edouard Delessert, Prosper Mérimée, Paul de Musset, Viollet-le-Duc, etc.

Le 23 novembre, la fête de l'Impératrice fut célébrée avec un grand éclat. Les guides et les zouaves de la garde offrirent un bal à la souveraine. La vaste enceinte du manège de cavalerie avait été transformée en une superbe salle de danse, éclairée par vingt lustres. Une loge décorée de velours grenat était disposée pour Leurs Majestés. Des panoplies représentaient les deux couleuvrines données par Henri III à la ville de Compiègne, la croix de la Légion d'honneur, la médaille militaire. L'Empereur et l'Impératrice, qui avaient chassé à courre dans la journée, vinrent au bal en costume de chasse, ainsi que les dames de la Cour. La fête était celle de l'armée et du peuple. L'épaulette de l'officier et l'uniforme du simple soldat se mêlaient à l'habit du citadin et au veston de l'ouvrier. L'Empereur, l'Impératrice et leur suite, où figuraient plusieurs grands seigneurs écossais en costume national, descendirent de leur loge et parcoururent la salle de danse. Le vin d'honneur fut offert à Leurs Majestés par un sous-officier et une couturière. A leur sortie, l'orchestre fit entendre l'air de la *Reine Hortense.*

Le 26 novembre, les artistes de la Comédie-Française représentèrent, dans la salle de spectacle du château, une pièce d'Alfred de Musset : *On ne badine pas avec l'amour.*

Le Baron.	MM.	PROVOST.
Perpican.		DELAUNAY.
Bridaine.		MONROSE.
Blazius		BARRÉ.
Le Chœur des jeunes gens. .		EUGÈNE PROVOST.
Le Chœur des vieillards . .		COQUELIN.
Camille.	Mᵐᵉ	FAVART.
Rosette.		EMMA FLEURY.
Dame Pluche.		JOUASSIN.

Vers la fin du mois, l'Empereur rendit un décret qui supprimait la perception d'un droit d'entrée à la

Bourse. Voulant remercier le souverain d'une mesure qu'elle considérait comme un véritable bienfait pour le crédit de la France, la Compagnie des agents de change lui écrivit : « Permettez-nous d'élever un monument de notre reconnaissance en plaçant la statue de Votre Majesté dans l'enceinte du palais de la Bourse. La statue du prince pacificateur y protégera ces immenses négociations qui fécondent le travail des peuples et proclament la sagesse des souverains... Il n'appartenait qu'au génie de l'Empereur d'accomplir cette tâche si difficile : de donner en même temps satisfaction à l'amour du pays pour la gloire et à ses intérêts légitimes ».

Napoléon III répondit cette lettre, datée de Compiègne, le 29 novembre : « Messieurs, les termes par lesquels vous appréciez mes efforts pour le bien de la France et pour le progrès du crédit, comme l'intention de me donner une preuve publique de votre reconnaissance ne pouvaient que me toucher profondément ; mais n'est-ce pas en exagérer le témoignage que de vouloir, à l'occasion d'une simple mesure, m'élever une statue dans l'enceinte même du palais de la Bourse ? Quelque flatteuse que soit la proposition, permettez-moi de n'y pas souscrire. Je trouve plus naturel de vous offrir mon portrait pour le placer dans la salle de vos séances, et je vous prie de l'accepter. Il vous rappellera combien m'a été précieuse la manifestation de vos sentiments. Recevez, Messieurs, l'assurance de ma considération distinguée ».

Le lundi 2 décembre, on vit arriver au château de Compiègne une dernière série d'invités, parmi lesquels la princesse Mathilde, la princesse Anna Murat, le comte de Morny, le marquis d'Hertford, le comte de Kisseleff, ambassadeur de Russie, le duc de Montebello, M. Mon, ambassadeur d'Espagne, le général Fleury, le marquis et la marquise de Galliffet, le baron et la baronne Beyens, MM. Flourens, Nisard, Jules Sandeau, Messonnier, Flandrin, Cabanel. Le 4 décembre, les artistes du Vaudeville : Félix, Numa, Parade, Febvre, Mmes Fargueil, Blanche Pierson, Léonide Leblanc, etc., jouèrent, dans la salle de spectacle du palais, une comédie en cinq actes de Sardou : *Nos Intimes*.

Le lundi 9 décembre, Leurs Majestés et le Prince Impérial quittèrent Compiègne. Le bataillon des zouaves de la garde, musique en tête, stationnait dans la cour, et le régiment des guides s'échelonnait sur la place du château.

XXXIII

L'Empereur était encore à Compiègne quand il y prépara une réforme financière, qui fut, en France, l'événement principal de la fin de l'année. Napoléon III aimait les surprises. Les coups de théâtre lui plaisaient. Il avait l'habitude de les organiser à l'insu de ses ministres, et il trouvait dans leur étonnement une sorte de malicieux plaisir. Il fit, au mois de novembre, un véritable coup d'État, financier, et, chose curieuse, ce coup d'État il l'accomplit contre son propre gouvernement, contre lui-même, prenant autant de peine pour diminuer ses prérogatives que d'autres souverains en prennent pour les augmenter.

Un mois auparavant, nul n'aurait pu prévoir ce qui se passa le 14 novembre.

Le 15 octobre, le chroniqueur de la quinzaine, M. Eugène Forcade, avait publié dans la *Revue des Deux-Mondes* un article où il signalait la crise économique dont la France était menacée. Il reconnaissait loyalement qu'un accident tel qu'une mauvaise récolte ne pouvait être imputé à aucune responsabilité humaine ; mais il ajoutait qu'un tel accident mettait en lumière les fautes et les erreurs qui aggravaient les conséquences. Après avoir énuméré ces fautes et ces erreurs, il concluait ainsi : « Les intérêts matériels acquerront la conviction qu'il n'y a point de bon gouvernement financier sans liberté politique, en dehors de l'entier et rigoureux contrôle des assemblées représentatives et des vigilantes polémiques de la presse ».

La chronique de M. Forcade indigna le ministre de l'Intérieur, M. de Persigny, qui frappa la *Revue des Deux-Mondes* d'un avertissement où il était dit que l'auteur « s'était efforcé, par les assertions les plus mensongères, de propager l'alarme dans le pays et exciter à la haine et au mépris du gouvernement ».

M. de Persigny ne se doutait guère que l'Empereur avait, à Compiègne, dans le tiroir de son bureau, un rapport par lequel un membre du Conseil privé, M. Achille Fould, exposait des idées absolument semblables à celles de l'écrivain de la *Revue des Deux-Mondes*.

Le 12 novembre, Napoléon III quittait le château de Compiègne pour aller présider, aux Tuileries, une assemblée du Conseil privé et du Conseil des ministres réunis. M. Fould y donna lecture du mémoire, daté de Tarbes, qu'il avait adressé à l'Empereur, le 29 septembre. « La Constitution, y disait-il, a réservé le droit de voter l'impôt au Corps législatif, mais ce droit serait presque illusoire si les choses demeuraient dans la situation actuelle. En effet, qu'est-ce qu'un contrôle qui s'exerce sur une dépense de huit mois après qu'elle est faite ? Et que peut-il atteindre, si ce n'est le chef de l'État, puisque les ministres ne sont responsables qu'envers lui seul ».

M. Fould déclarait qu'à moins de changement de système, on se trouverait bientôt en présence d'embarras très graves. Les huit années écoulées, de 1850 à 1858, avaient ouvert 2 milliards 400 millions de crédits extraordinaires. Il fallait ajouter à cette somme 400 millions pour les trois dernières années, 1859, 1860 et 1861. Pour satisfaire à ces dépenses, on avait eu recours au crédit sous toutes les formes, et utilisé, avec l'assentiment des pouvoirs publics, les ressources des établissements spéciaux dont l'État avait la direction. Les emprunts en rente, négociés en 1854, 1855 et 1859, ne s'élevaient pas à moins de 2 milliards. On avait émis, en 1861, 132 millions d'obligations trentenaires. Sans doute, le public souscrivait ces emprunts avec un grand empressement ; mais ce serait se faire des illusions dangereuses que de compter indéfiniment sur le développement du crédit national. Les découverts devaient s'élever, à la fin de l'année, à près d'un milliard.

La conclusion de M. Fould était celle-ci : « Tous les hommes d'affaires présagent une crise d'autant plus grave qu'à l'exemple de l'État, et dans un but d'amélioration et de progrès, peut-être trop précipité, les départements, les villes et les Compagnies particulières se sont lancés dans des dépenses très considérables. Le véritable moyen de conjurer cette crise, c'est d'agir avec promptitude et décision, et de fermer la source du mal en supprimant les crédits supplémentaires et extraordinaires. »

Revenu à Compiègne dans la journée, Napoléon III y écrivit cette lettre au comte Walewski, ministre d'État : « Monsieur le ministre, l'opinion émise ce matin sur notre situation financière par M. Fould, dans la réunion du Conseil privé et du Conseil des ministres, a toute mon approbation. Depuis longtemps, vous le savez, ma préoccupation était de renfermer le budget dans des limites invariables, et souvent, en présidant le Conseil d'État, j'ai exprimé mon désir à cet égard... Je viens donc vous prévenir de mon intention de réunir, le 2 décembre, le Sénat pour lui faire connaître ma détermination de renoncer au pouvoir d'ouvrir dans l'intervalle des sessions, des crédits supplémentaires ou extraordinaires... En renonçant au droit qui était légalement celui des souverains, même constitutionnels, qui m'ont précédé, je pense faire une chose utile à la bonne gestion de nos finances. Fidèle à mon origine, je ne puis regarder les prérogatives de la Couronne, ni comme un dépôt sacré auquel on ne saurait toucher, ni comme l'héritage de mes pères qu'il faille avant tout transmettre intact à mon fils. Élu du peuple, représentant ses intérêts, j'abandonnerai toujours sans regret toute prérogative inutile au bien public, de même que je conserverai inébranlable dans mes mains tout pouvoir indispensable à la tranquillité et à la prospérité du pays. »

Le 14 novembre, on lut avec une grande surprise, dans le *Moniteur*, la lettre de l'Empereur au ministre d'État, le mémoire de M. Fould, et le décret qui le nommait ministre des Finances.

La Revue des Deux Mondes triomphait. Dans le numéro du 15, M. Eugène Forcade écrivait : « A notre avis, la modification constitutionnelle que M. Fould a obtenue est le progrès politique le plus important qui ait été accompli en France depuis 1852... On le sait, nous avons dit, un mois plus tôt, ce que pensaient *tous* les hommes d'affaires, ce que le gouvernement affirme aujourd'hui avec une éclatante conviction... L'Empereur a fait preuve de bon goût en laissant à M. Fould, devant le public, tout le mérite de l'initiative de la réforme résolue. C'est, si nous ne nous trompons, la première fois sous le présent régime, qu'un tel rôle a été dévolu à un homme politique... Pour nous qui, par souvenir d'éducation parlementaire et par goût naturel, aimons à voir l'initiative dans les hommes publics, cette situation nouvelle d'un ministre n'est pas faite pour nous déplaire. »

La joie du chroniqueur de la *Revue des Deux Mondes* n'était point partagée par les ministres de l'Empereur. A l'exception de M. de Forcade La Roquette, qui avait été remplacé aux finances par M. Achille Fould, tous conservaient leurs portefeuilles, mais ils se trouvaient en présence d'un nouveau collègue qui devait sa faveur à la censure de leurs actes. M. Magne, le ministre sans portefeuille qui défendait devant les Chambres la politique financière du gouvernement, avait prononcé discours sur discours pour réfuter les critiques dont M. Fould, approuvé par l'Empereur, venait de faire le résumé lumineux. Le ministre de l'Intérieur, M. de Persigny, était littéralement exaspéré. A ses yeux, les théories du nouveau ministre des Finances étaient des théories orléanistes qui sapaient par la base la Constitution de 1852, amoindrissaient le souverain, et préparaient le retour du parlementarisme. Il eut, avec son nouveau collègue, une altercation dans laquelle il lui reprocha amèrement de faire une *politique de bric-à-brac.* On eut beaucoup de peine à ramener la paix entre les deux ministres.

Le cabinet était alors ainsi composé :

Ministre d'État. — Le comte Walewski.

Ministre de l'Intérieur. — M. de Persigny.

Justice. — M. Delangle.

Affaires étrangères. — M. Thouvenel.

Guerre. — Le maréchal Randon.

Marine et Colonies. — Le marquis de Chasseloup-Laubat.

Instruction publique et Cultes. — M. Rouland.

Agriculture, Commerce et Travaux publics. — M. Rouher.

Maison de l'Empereur. — Le maréchal Vaillant.

Ministres sans portefeuille. — M. Baroche, président du Conseil d'État ; M. Magne et M. Billault.

L'accord était loin de régner entre ces divers ministres. Ils ne s'entendaient pas sur les questions intérieures, et encore moins sur la politique étrangère. Les uns étaient autoritaires, les autres libéraux. Au sein même du Conseil, comme dans le corps diplomatique impérial, il y avait une droite et une gauche. Cette division plaisait à l'Empereur, qui fidèle à ses vieux instincts, se plaisait à conspirer contre ses propres ministres. Il jouissait d'être l'arbitre de leurs querelles et de gouverner en régnant.

La discussion du projet du sénatus-consulte destiné à consacrer le nouveau système financier occupa, au Sénat, les séances du 20 et du 21 décembre. Le baron Brénier, M. Hubert Delisle et M. Bonjean ne jugèrent pas ce système exempt de difficultés pratiques. Ils exprimèrent le regret de voir enlever à la Couronne la faculté d'ouvrir des crédits extraordinaires et supplémentaires, prérogative reconnue nécessaire jusqu'alors par les divers gouvernements qui avaient précédé l'Empire ; M. Fould prit la parole à la fin du débat : « Vous avez à choisir, dit-il, entre ceux qui, par un zèle exagéré, s'opposent à ce que le pouvoir accepte ou ne s'impose aucune limite, et ceux qui, avec non moins de loyauté et de franchise, l'appuient dans sa volonté de se contenir lui-même ». Voté à l'unanimité moins une voix, celle du cardinal Mathieu, le sénatus-consulte, fut promulgué le 31 décembre.

L'Empire autoritaire existait encore. Mais les partisans de l'Empire libéral venaient de faire un grand pas, et ils avaient la conviction que l'avenir leur appartenait.

XXXIV

LE PARTI LÉGITIMISTE

Terminons en jetant un rapide coup d'œil sur la situation respective des partis à la fin de l'année 1861.

Le parti légitimiste était celui que l'Empire redoutait le moins. Son chef, le comte de Chambord, avait adopté pour règle de conduite une immobilité dogmatique qui n'était pas sans dignité, mais qui ajournait indéfiniment ses chances de succès. N'attendant rien des hommes, il n'espérait que dans une intervention divine. Considérant le serment comme une chose essentiellement sainte, il n'admettait pas la possibilité de le prêter à l'Empereur, tout en restant fidèle au roi. A ses yeux un légitimiste qui prétendait servir deux maîtres à la fois n'était plus un légitimiste.

On essaya par tous les moyens de détourner le prince d'une doctrine si intransigeante. On lui représenta que ses partisans, condamnés au rôle d'émigrés à l'intérieur, subiraient une sorte de mort civile, et perdraient sur les populations toute influence et tout crédit. On lui rappela que, sous le règne de Louis-Philippe, plus d'un légitimiste avait prêté serment au roi des Français, sans desservir en rien la monarchie de droit divin, et que les succès oratoires remportés par M. Berryer à la Chambre des députés avaient maintenu le prestige du drapeau blanc. En vain, le comte de Falloux pria, supplia le prince de lever la défense qui empêchait ses partisans de reparaître dans l'arène. En vain M. Berryer disait : « Il est bien triste de reconnaître que le système d'inertie qui nous représente comme étrangers ou indifférents pour les maux qui pèsent sur notre pays, et pour ceux plus graves encore qui le menacent, n'est approuvé que par des hommes pour la plupart très impopulaires en France, et dont bien peu pourraient obtenir les suffrages non pas seulement de leur département, mais du village qu'ils habitent ». Rien ne put triompher de l'obstination du prince ; il persista dans un système qui fut l'une de ses principales fautes. Si, au lieu de condamner ses partisans à une inaction perpétuelle, il leur eût permis de briguer les mandats électoraux et d'occuper les fonctions publiques, le parti légitimiste, resté en contact permanent avec le pays, aurait été, après le renversement de l'Empire, dans de bonnes conditions pour en recueillir l'héritage, et la royauté de droit divin eût peut-être été rétablie.

Sous la seconde République, les légitimistes avaient joué un grand rôle. Ils n'étaient point parvenus à restaurer le trône, mais ils avaient rendu de grands services à l'autel. Un d'eux, le comte de Falloux, en acceptant d'être ministre de Louis-Napoléon, avait contribué plus que personne à faire voter une loi chère aux catholiques, la loi de liberté d'enseignement. En 1819, l'expédition de Rome avait été en partie l'œuvre des légitimistes. Souvent ils avaient décidé le résultat de scrutins importants. Ils s'étaient constamment mêlés à la vie politique du pays. Depuis le rétablissement de l'Empire, le système d'abstention que leur

imposa le comte de Chambord les paralysa, les an-
nihila. Le chef de la maison de Bourbon ressemblait
toujours à une idole entourée de la vénération et des
hommages de ses fidèles, mais n'exerçait plus d'influence sur les choses humaines. Son parti n'existait
qu'à l'état de souvenir.

Lorsque l'Empire fut restauré, le comte de Chambord avait protesté par acquit de conscience ; mais
son opposition n'était que platonique. On peut même
dire que, jusqu'à la guerre d'Italie, il eut une certaine
sympathie pour la politique impériale. Tant qu'elle
resta conservatrice, il l'approuva. La Constitution de
1852, si sévère pour la presse, ne lui déplaisait point,
et peut-être l'aurait-il lui-même appliquée s'il était
monté sur le trône.

Le prince avait été touché des égards que Napoléon III et l'Impératrice témoignaient à sa sœur, la
duchesse de Parme, fille d'un père assassiné, petite-
nièce d'un roi décapité, petite-fille d'un roi mort en
exil, veuve d'un prince poignardé, investie, à 34 ans,
d'une régence difficile et périlleuse. Le ministre des
Affaires étrangères, M. Drouyn de Luys, avait écrit,
le 7 avril 1854, au comte de Montessuy, qui représentait la France à la fois à Florence et à Parme : « Le
désir de l'Empereur est que les relations avec le gouvernement de la régente s'établissent sur un pied de
bienveillance et de haute courtoisie ». En même temps,
Napoléon III avait adressé à la duchesse une lettre
qu'elle trouva *charmante*.

En 1856, le comte de Chambord et sa sœur avaient
eu particulièrement à se louer de Napoléon III. Un
procès ayant été intenté en France par le fisc contre
les héritiers du duc de Berry, comme détenteurs de
forêts d'origine domaniale situées en Champagne, ils
l'avaient d'abord perdu devant le tribunal de Vassy.

Alors la duchesse de Hamilton, fille de la grande-duchesse Stéphanie de Bade (une Beauharnais), intervint auprès de l'Empereur. Amie intime de la duchesse de Parme, elle était l'intermédiaire habituelle entre cette princesse et le souverain français. Son intervention ne fut pas inutile. Le 10 juin 1856, le comte de Chambord et sa sœur gagnèrent leur cause en appel devant la Cour de Dijon. Les biens dont il s'agissait représentaient une valeur d'une vingtaine de millions. Un jour qu'on parlait mal devant elle de Napoléon III, la duchesse de Parme s'écria : « Tout cela n'empêche pas que c'est à lui que nous devons de ne pas être complètement ruinés ».

En 1859, lors de la paix de Villafranca, les droits du duc de Parme, abandonnés par l'empereur d'Autriche, furent soutenus par l'Empereur des Français. Jusqu'à ce moment, le chef de la maison de Bourbon avait eu plus de sympathie que d'hostilité pour Napoléon III. Mais quand les stipulations de Villafranca furent violées, quand l'Empereur laissa les Piémontais envahir les Marches et l'Ombrie, quand l'armée pontificale fut écrasée à Castelfidardo et le roi de Naples sacrifié à la révolution, les appréciations du comte de Chambord sur la politique impériale devinrent aussi sévères qu'elles avaient d'abord été indulgentes. Il s'associa, du fond du cœur, aux doléances et aux récriminations du Saint-Père ; il approuva les mandements indignés des évêques de Poitiers et d'Orléans, les protestations véhémentes du parti catholique, et peut-être ne vit-il point sans une secrète satisfaction le clergé, naguère si dévoué à l'Empereur, commencer à le critiquer et à se détacher de lui.

Un assez grand nombre de prêtres redevinrent alors légitimistes, et, se croyant abandonnés par les Tuileries, tournèrent les yeux du côté de Froshdorf. Le comte de Persigny, ministre de l'Intérieur, qui poussait jusqu'à l'exagération le zèle bonapartiste, s'en émut. Il s'imagina que la société de Saint-Vincent-de-Paul, cette association si charitable, si respectable, si utile, était inspirée par le parti légitimiste, et la considéra bien à tort, comme un danger pour le gouvernement de l'Empereur. Écoutant les déclamations des feuilles anti-religieuses qui dénonçaient ce qu'elles appelaient une *Vendée renaissante*, il résuma dans une circulaire datée du 18 octobre 1861, les prétendus griefs contre le conseil supérieur de la société de Saint-Vincent-de-Paul, en l'accusant de former le centre d'une association occulte, d'étendre ses ramifications à l'étranger, de prélever sur les conférences un budget dont l'emploi restait inconnu. La conclusion de la circulaire était l'ordre donné aux préfets d'interdire la réunion de tout conseil supérieur, central ou provincial, et d'en prononcer la dissolution. La *Presse*, l'*Opinion nationale*, le *Siècle* furent ravis. Mais les *Débats*, le *Temps*, le *Courrier du Dimanche* blâmèrent le ministre, moins par sollicitude pour la société de Saint-Vincent-de-Paul que par souci pour la liberté.

Le parti catholique, profondément froissé par la circulaire, témoigna une irritation à laquelle s'associèrent tous les partisans du comte de Chambord. Ils rentrèrent peu à peu dans l'arène politique dont ils s'étaient tenus écartés depuis plusieurs années, et ce furent les questions religieuses qui les décidèrent à sortir de leur retraite, pour reprendre un rôle militant.

En résumé, les difficultés, survenues entre l'Empereur et le Saint-Père, avaient créé une situation nouvelle, dont une des conséquences fut de réveiller, après un long sommeil, les légitimistes qui, depuis le rétablissement de l'Empire, n'avaient donné aucune inquiétude au gouvernement. Sans doute, ils ne travaillèrent pas ouvertement à restaurer la monarchie de droit divin ; ils n'eurent point d'influence sérieuse dans les Chambres ; ils ne provoquèrent dans le pays aucune insurrection ; mais ils cessèrent d'être une quantité négligeable, et firent leur parti dans le concert des opposants, qui, avec les origines les plus diverses, les tendances les plus contradictoires, les éléments les plus hétérogènes, formaient une coalition dont le but était le renversement de la dynastie impériale.

XXXV

Les orléanistes inspiraient au gouvernement impérial plus d'ombrage que les légitimistes. Cependant l'orléanisme était devenu plutôt une doctrine qu'un parti, et se distinguait plus par sa fidélité aux idées libérales et aux institutions parlementaires que par son dévouement dynastique. Les tentatives de fusion n'avaient eu d'autre résultat que de l'affaiblir. La prédiction de Louis-Philippe, mort le 26 août 1850, s'était réalisée. « Dans mon opinion, avait dit le vieux roi au comte de Salvandy, mes fils devront toujours être prêts à faire la fusion ; mais, dans mon opinion aussi, elle n'aura jamais lieu parce que, de l'autre côté, on ne fera rien de ce qui sera nécessaire pour la rendre possible ».

Malgré ses sentiments d'humilité chrétienne, la reine Marie-Amélie elle-même, devant les exigences légitimistes, avait refusé de passer sous ce qu'elle appelait les *fourches caudines*. Elle n'aurait accepté la fusion que si, — ce sont ses propres expressions, — « la royauté de droit eût accordé à la royauté de fait toutes les satisfactions que celle-ci pensait réclamer pour son honneur » ; jamais elle n'aurait consenti à quitter son titre de reine pour celui de duchesse d'Orléans. Malgré les instances de M. Guizot, le comte de Chambord n'avait point consenti à reconnaître la royauté de 1830 comme une royauté nationale et légale ayant sauvé la France de l'anarchie ». Jamais le chef de la branche aînée des Bourbons n'avait dit un mot pouvant faire croire qu'il renoncerait au drapeau blanc, et jamais il n'avait affirmé d'une manière précise qu'il considérait le comte de Paris comme son héritier. Quand on abordait la question devant lui, il demeurait dans le vague, et ses conseillers les plus intimes ignoraient à cet égard le fond de sa pensée.

De son côté, la duchesse d'Orléans, mère du comte de Paris, avait tenu haut et ferme le drapeau de l'orléanisme, et n'avait voulu participer à aucune négociation pouvant préjuger les résolutions de son fils, quand il serait majeur. Elle était morte le 28 mai 1858, à l'âge de quarante-quatre ans, et ses deux fils, le comte de Paris et le duc de Chartres, qui, jusque-là, avaient toujours vécu l'un à côté de l'autre, s'étaient séparés. A la fin de 1838, le duc de Chartres avait passé les examens publics qui lui ouvraient les portes de l'École militaire de Turin. En 1859, il fit brillamment la guerre d'Italie, et fut chargé de recevoir les prisonniers faits à Palestro par le 3e zouaves.

Marie-Amélie suivait avec un vif intérêt les débuts de son petit-fils dans la carrière des armes. Mais elle se défiait de l'attitude révolutionnaire du Piémont, et ne voulait pas que le prince, dont elle était à la fois l'aïeule et la tutrice, continuât à servir une puissance en opposition avec le Saint-Siège. Princesse napolitaine, Marie-Amélie n'aurait pu admettre non plus que son petit-fils combattît contre le roi de Naples. Le duc de Chartres se retira donc de l'armée piémontaise avec le grade de capitaine.

Né le 24 août 1838, le comte de Paris souffrait de l'inaction à laquelle était condamnée sa jeunesse, et brûlait du désir de recevoir, comme son frère, le baptême du feu. Il se demandait sous quels drapeaux il pourrait s'enrôler, quand la guerre de sécession qui éclata aux États-Unis lui fournit l'occasion si impatiemment attendue.

On a beaucoup reproché à l'Impératrice Eugénie d'avoir laissé partir le Prince Impérial pour le Zoulouland. On n'a point reproché à la reine Marie-Amélie d'avoir laissé partir le comte de Paris, son petit-fils, pour les États-Unis. Et cependant il y avait une grande analogie entre la situation des deux princes. Si l'un était le chef de la maison des Bonaparte, l'autre était le chef de la maison d'Orléans. Le Prince Impérial avait vingt-trois ans quand il s'embarqua pour le Zoulouland. Le comte de Paris avait également vingt-trois ans quand, le 30 août 1861, il s'embarqua pour New-York avec son oncle, le prince de Joinville, et son frère, le duc de Chartres.

Les deux petits-fils de Louis-Philippe se distinguèrent comme aides de camp du général Mac-Clellan, commandant en chef de l'armée du Potomac. Mais les journaux français ne parlaient point de leurs faits d'armes.

En France, le comte de Paris était oublié. Il ne se posait pas en prétendant, et par aucun manifeste, par aucune publication quelconque, il n'avait revendiqué des droits à la couronne.

Si le parti orléaniste, en tant que parti dynastique, n'avait presque plus de force, en revanche l'esprit orléaniste demeurait encore très puissant. Ce qu'il reprochait à l'Empire, c'était moins d'être l'Empire que de porter atteinte à la liberté de la presse et de la tribune. L'opposition orléaniste était surtout une opposition de doctrine, et c'est pour cela qu'on donnait souvent à ses chefs le nom de doctrinaires. La restauration du parlementarisme leur tenait plus à cœur que celle de la dynastie de Juillet.

Si l'orléanisme proprement dit ne se montrait ni au Sénat, ni au Corps législatif, l'esprit orléaniste y faisait des progrès sensibles. On commençait à y retrouver les habitudes et les tactiques des vieux parlementaires. Au Corps législatif on pouvait déjà constater l'existence d'une droite et d'une gauche. Plusieurs des ministres de l'Empereur, tout en restant absolument fidèles au souverain, avaient gardé l'esprit orléaniste. Ni le comte Walewski, ni le comte de Morny n'oubliaient qu'ils avaient été naguère inféodés, le premier à M. Thiers, le second à M. Guizot. M. Achille Fould, ancien ami des princes d'Orléans, avait, en matière financière, les mêmes idées que les ministres de Louis-Philippe.

L'orléanisme, sans action sur les masses, était impuissant pour manier le suffrage universel ; mais dans les cercles de la bourgeoisie éclairée, dans les salons, à l'Académie française, dans les journaux et les revues, il exerçait une influence réelle. Élégante et savante, spirituelle et raffinée, correcte et toujours de bonne compagnie, l'opposition orléaniste n'était pas une opposition de carrefour, c'était une opposition de lettrés, d'*honnêtes gens*, comme on aurait dit au grand siècle.

La presse, bien que muselée, n'avait point perdu son pouvoir. Les entraves que subissaient les grands journalistes, loin de détruire leur talent, le rendait plus souple et plus délié. Le publiciste qui personnifia le mieux l'esprit orléaniste, M. Prévost-Paradol, disait :

« Quelle volupté de compter et de peser ses mots, d'enfoncer délicatement l'aiguille, d'ajuster à coups posés ! Vive l'oppression pour donner toutes ses ressources et tout son prix à la pensée, pour nous instruire à la force contenue, aux nuances savantes, au mépris laconique et acéré ! Que ce silence général est favorable ! Les braillards se taisent ; il faut une voix métallique, pleine d'intonations fines et mordantes. Plus de chanteurs des rues ! Place aux artistes ! » MM. de Sacy, Saint-Marc-Girardin, Eugène Forcade, Édouard Hervé, Cuvillier-Fleury, J.-J. Weiss, étaient, en fait de journalisme, des dilettantes qui excellaient comme M. Prévost-Paradol, dans l'art des demi-teintes, des réticences, des insinuations, et qui, passant à travers les mailles du système des *avertissements*, parvenaient, sinon à dire, du moins à faire comprendre tout ce qu'ils voulaient. Pour le gouvernement, leur prudence était plus redoutable que l'audace. Le *Journal des Débats*, la *Revue des Deux-Mondes*, le *Courrier du Dimanche*, où leurs articles paraissaient, étaient tout imprégnés de l'esprit orléaniste. Cet esprit animait aussi presque tous les catholiques libéraux, tels que le comte de Montalembert, le prince Albert de Broglie, Mgr Dupanloup.

On allait bientôt revoir ce qui s'était produit sous les régimes précédents : des coalitions formées par des partis n'ayant rien de commun que leur hostilité contre le gouvernement qu'ils avaient pour but de détruire. De même que les républicains et les bonapartistes s'unirent contre Louis XVIII et Charles X, les républicains et les légitimistes contre Louis-Philippe, de même les trois partis, légitimiste, orléaniste, républicain allaient se coaliser contre Napoléon III, dont le gouvernement était destiné à se trouver pris entre deux feux, l'opposition de droite et l'opposition de gauche, l'une composée de cléricaux et de légitimistes, l'autre d'orléanistes et de républicains.

De tous ses adversaires, c'étaient peut-être les princes d'Orléans qui inspiraient le plus d'inquiétudes à l'Empereur. Jeunes, vaillants, patriotes, passionnés pour la carrière des armes, ils avaient des amis nombreux dans l'armée et dans la marine. Le gouvernement impérial ne cessait d'avoir les yeux fixés sur ces princes auxquels l'exil pesait si cruellement. Il leur interdisait de publier en France, sous leur nom, soit un livre, soit une brochure, soit même un simple article de journal. Les princes avaient pris l'habitude de venir chaque année à Bade, pendant la saison des courses, heureux de se rapprocher ainsi d'une patrie tant regrettée et de voir des compatriotes qui se plaisaient à leur faire l'accueil le plus cordiale et le plus déférent.

Mieux avisé que le comte de Chambord, le comte de Paris s'était bien gardé d'interdire à ses partisans la prestation du serment à l'Empereur et l'acceptation des mandats électoraux et des fonctions publiques. Dans l'armée et dans la marine, comme dans toutes les carrières civiles, se trouvaient une foule d'orléanistes qui, tout en servant loyalement Napoléon III, conservaient des sympathies secrètes pour les fils et les petits-fils de Louis-Philippe. Tandis que la légitimité s'éloignait systématiquement de la vie politique, l'orléanisme recherchait toutes les occasions de s'y rattacher. La majestueuse immobilité du comte de Chambord ne préoccupait nullement l'Empereur, mais l'activité des princes d'Orléans l'inquiétait.

XXXVI

Plein de défiance pour les orléanistes, Napoléon III craignait peu les républicains. Persuadé qu'une démocratie impériale a beaucoup de points de contact avec la République, il se flattait de pouvoir rallier à lui ceux des jeunes républicains qui se distingueraient par leur talent, et il s'imaginait que le jour où il proclamerait l'Empire libéral, l'opposition républicaine serait annihilée. Il s'était servi de la République pour conquérir le pouvoir ; il se berçait de l'espérance que les républicains eux-mêmes l'aideraient à fortifier sa dynastie.

Les journaux dont les tendances passaient pour être républicaines, tels que *l'Opinion nationale* et le *Siècle*, ne déplaisaient pas à l'Empereur, et souvent, en fait de politique étrangère, elles reflétaient sa pensée plus exactement que les journaux officieux. Elles ne constituaient point à ses yeux un danger pour l'Empire, et leurs attaques n'étaient qu'un simulacre d'opposition. *L'Opinion nationale*, en relations régulières avec le prince Napoléon, défendait ardemment le principe des nationalités, base de la politique extérieure

du souverain. Le *Siècle* avait pris une grande importance, et rapportait de gros bénéfices ; mais Napoléon
III ne considérait pas comme un ennemi son directeur,
M. Havin. Fils d'un conventionnel, et orléaniste sous
la monarchie de Juillet, M. Havin n'était point irré-
conciliable avec l'Empire. Homme d'affaires très habile, et très dévoué aux intérêts de ses actionnaires, il
évitait à son journal la suspension qui aurait était la
ruine ; il était, malgré ses allures républicaines, en
coquetterie avec le ministère de l'Intérieur, et M. de
Persigny avait une indulgence particulière pour une
feuille dont la principale passion était la haine du clé-
ricalisme et de l'ancien régime. En résumé, le gouvernement se servait de l'*Opinion nationale* et du *Siècle*
contre le parti catholique et le parti légitimiste. Il ne
s'apercevait pas des progrès que les polémiques de ces
feuilles faisaient faire aux idées républicaines, et
se complaisait, à cet égard, dans des illusions qui
devaient être funestes à la dynastie. L'Empire ne se
doutait pas que lui-même préparait ainsi la révolution.

Au Sénat, il n'y avait pas un seul républicain. Au
Corps législatif, il n'y en avait que cinq : MM. Émile
Ollivier, Darimon, Jules Favre, Hénon et Ernest Picard.
Mais ce n'est point par le nombre de leurs membres que les oppositions sont puissantes, c'est par leur
discipline, c'est par leur esprit de suite et de comba-
tivité. Nous avons vu dans les assemblées de la troisième République des oppositions qui comptaient plus
de deux cents membres, et qui firent beaucoup moins
de besogne que celle des Cinq sous le second Empire.

Malgré la continuité de leurs attaques, les Cinq n'in-
quiétaient pas outre mesure Napoléon III, parce qu'à
ses yeux ce n'étaient point des irréconciliables. L'un
d'eux surtout lui paraissait devoir se rattacher tôt ou

tard à son gouvernement. Le duc Albert de Broglie l'a
dit dans son étude sur M. Buffet : « M. Émile Ollivier,
élevé dans la fraction extrême du parti républicain,
sut se dégager de toute prévention étroite et sectai-
re ». Il avait le cœur trop noble et l'esprit trop élevé
pour connaître le sentiment de la haine. Nature ai-
mante et généreuse, il aimait d'un profond amour la
patrie et la liberté. Au-dessus des personnes qui pas-
sent, il mettait les principes qui restent. Ce qu'il désirait avant tout, c'est que le peuple fut respecté, c'est
que la démocratie reçût les satisfactions morales et
matérielles auxquelles elle avait droit. Préférant un
empire libéral à une république jacobine, il était résolu à se rallier à l'Empereur le jour où l'Empereur
se rallierait à la liberté. Dès 1856, au moment où il allait
entrer au Corps législatif, il avait écrit à son père,
M. Démosthène Ollivier, une des victimes du Deux-
Décembre : « Si l'Empereur reste dans son despotisme, rien n'est plus aisé que ma conduite. Je l'atta-
querai sans merci, mes coups seront d'autant plus
redoutables que je serai plus modéré, et que je n'affi-
cherai aucune pensée de renversement. Mais s'il se
transforme, je suis obligé de l'aider, dût mon assistance consolider ce trône qui s'est élevé au milieu
de nos imprécations. Voilà où conduit fatalement le
serment, et comme je ne m'arrête jamais à mi-chemin,
voilà jusqu'où j'irai le cas échéant, si j'entre au Corps
législatif ». Le proscrit du Deux-Décembre avait répondu à son fils : « Non, je ne veux pas que tu emploies
la vigueur de ton âme à satisfaire une haine que je ne
ressens plus. Tu as raison d'oublier le mal que j'ai
reçu, de fouler aux pieds tout ce qui est ressentiment
personnel, de n'être mû que par la considération de
l'intérêt public ».

Tout autres étaient les sentiments des *irréconcilia-*

bles. Ceux-là se seraient crus déshonorés en prêtant serment à l'Empereur et repoussaient avec indignation toute idée de ralliement à l'Empire. Plaçant la République au-dessus du suffrage universel, au-dessus de la volonté des Français, au-dessus de la souveraineté nationale, ils se cantonnaient dans une opposition irréductible et dans une intransigeance absolue. A leurs yeux, le parlementarisme n'était rien et la République était tout.

Le général Cavaignac avait dit à l'Assemblée nationale, le 18 janvier 1851 : « Nous sommes en droit d'affirmer qu'une restauration nouvelle, quelle qu'elle pût être, ne serait pour nous, pour l'histoire, pour l'avenir que la préface d'une révolution, d'une chute et d'un départ. Nous ne nous passionnerons jamais au nom de ce ce mot : *gouvernement parlementaire* ; il est trop large ; ce qui nous passionnera, c'est le *gouvernement républicain*, pas autre chose ». Telle devait être, pendant toute la durée du règne de Napoléon III, la théorie de presque tous les républicains. Ni les bienfaits de l'Empire, ni le prestige de ses victoires, ni la prospérité matérielle et les sastisfactions d'amour-propre dont il faisait jouir les Français ne modifiaient les convictions d'hommes pour qui la République était un dogme n'admettant pas la discussion.

Au premier rang des *irréconciliables* se trouvaient les proscrits volontaires, ceux qui n'avaient pas voulu profiter de l'amnistie, ceux qui se condamnaient eux-mêmes à l'exil, tels que Victor Hugo dans l'île de Jersey, Ledru-Rollin, Louis Blanc, Shœlcher à Londres, Barbès en Hollande, Quinet et le colonel Charras en Suisse. Leurs passions atteignaient le paroxysme de la fureur. Chez eux, a dit M. de La Gorce dans son *Histoire du second Empire*, « la haine de l'Empereur faisait taire toute justice, toute raison aussi, et les rumeurs les plus folles, les calomnies les plus niaisement perverses semblaient toutes naturelles, dès qu'elles attaquaient, en son honneur, le souverain, sa femme ou son fils. Dans ce groupe, la disposition habituelle était un dédain plein de hauteur pour les démocrates moins fanatisés, qui se contentaient de combattre l'Empire, et ne poussaient point l'aversion méprisante jusqu'à paraître l'ignorer. Les proscrits qui, malgré l'amnistie, prolongeaient leur exil, dénonçaient, non sans amertume, la tiédeur de ceux qu'ils appelaient les *républicains politiques* ».

D'autres républicains, revenus dans leur pays après l'amnistie, ou ne l'ayant jamais quitté, y menaient une existence farouche. Les *Châtiments*, de Victor Hugo, étaient leur catéchisme. Comme le remarque encore M. de La Gorce, « ils ne voulaient rien recevoir que de la terre étrangère, la seule libre, disaient-ils ; de là, leur arrivaient les rêves, les inspirations des exilés, et ils s'accoutumaient à considérer comme l'opinion de l'Europe et du monde ce qui n'était que la répétition ou le prolongement de leur pensée. Ils s'agitaient dans un cercle étroit et sombre, et, de peur que la lumière ne leur montrât quelque objet offusquant, ils s'appliquaient à fermer les yeux. Une de leurs grandes joies était de mettre la main sur les petits livres publiés à Londres, à Genève, à Bruxelles ; en cachette, et au prix d'un petit péril qui doublait le plaisir, ils goûtaient du fruit défendu, et le faisaient savourer autour d'eux ». Dès que leurs enfants commençaient à parler, la première chose qu'ils leur apprenaient, c'était à maudire celui qu'ils appelaient le *tyran*.

A ces hommes-là, le parlementarisme des Cinq paraissait une entrave misérable. Ils auraient étouffé dans l'atmosphère du Corps législatif. Ils ne respiraient à l'aise que dans celle des sociétés secrètes. C'étaient les anciens insurgés de Juin, les vaincus du Deux-Décembre, les futurs auteurs du Quatre-Septembre et de la Commune. A ces républicains fougueux, les hommes du Gouvernement provisoire de 1848, les Crémieux, les Marie, les Carnot, les Garnier-Pagès ne semblaient point assez ardents. On les traitait volontiers de *vieilles barbes*, de *vieux bonzes*. Quant au fondateur de la seconde République, au républicain idéal, Lamartine, on s'obstinait à ne voir en lui qu'un rêveur, un poète.

Il se formait, dans le parti républicain, un groupe nouveau, le groupe des jeunes. C'est à lui qu'appartenait l'avenir. Il avait l'entrain, la gaité, l'audace, la joie de vivre. Pauvre, mais riche d'espérance, moitié littérateur, moitié bohème, plus à l'aise dans un estaminet que dans un salon, buvant des chopes de bière à défaut de vins fins, préférant aux allures farouches des vieux républicains une jovialité rabelaisienne, il s'essayait dans les parlottes des avocats stagiaires ou dans les conversations bruyantes des cafés, attendant impatiemment l'heure où il aurait l'occasion de se mêler à la vie publique. Le gouvernement ne prenait pas au sérieux ces tribuns au petit pied qui jouaient aux hommes politiques comme les enfants jouent aux soldats, mais qui ne tarderaient point à devenir des hommes redoutables. Ces débutants étaient d'utiles recrues pour la coalition dans laquelle les catholiques les plus fervents se rencontraient avec les francs-maçons et les athées. Dans cette foule d'opposants, partis des points les plus divers, et n'ayant entre eux d'autre lien que leur hostilité contre Napoléon III, les redingotes râpées étaient plus à craindre pour l'Empire que les blouses et les habits noirs. Les humbles mansardes du Quartier-Latin auraient dû causer plus d'inquiétude que les aristocratiques et somptueuses demeures du faubourg Saint-Germain. Un fils de duc et pair était moins dangereux qu'un Léon Gambetta. C'est dans les nouvelles couches de la démocratie que se préparaient pour l'action les plus hardis lutteurs, céux qui, tirant une force de leur pauvreté même, n'avaient rien à perdre, et tout à gagner.

XXXVII

Si 1860 fut l'apogée du second Empire, 1861 ne fut pas encore son déclin. Le prestige de Napoléon III restait intact. Le décor impérial conservait son éclat. La dynastie n'était l'objet d'aucune attaque sérieuse. La France passait encore pour toute-puissante, et aucun monarque n'exerçait sur les destinées du monde une plus grande influence que son souverain.

A l'intérieur, on avait vu se produire des modifications dont les amis de la liberté se réjouissaient. Appliqué pour la première fois en 1861, le décret du 24 novembre 1860, qui accordait au Sénat et au Corps législatif le droit de discuter et de voter une adresse, en réponse au discours du trône, Napoléon III faisait renaître le parlementarisme, et jetait dans le sol les germes de l'Empire libéral de 1870.

A proprement parler, l'Empire autoritaire n'existait déjà plus. Napoléon III avait volontairement, sinon détruit, du moins amoindri son pouvoir personnel. Le régime sévère imposé à la presse subsistait, mais le ton général des journaux s'était modifié, et pour être forcés à certains ménagements, leurs critiques n'avaient peut-être que plus d'importance. La tribune n'était pas encore relevée, mais les grands orateurs parlant de leur place, n'en étaient pas moins écoutés. Au Corps législatif les partisans de l'Empereur les plus dévoués eux-mêmes ne montraient plus la docilité et la soumission d'autrefois. Tant que le gouvernement n'avait porté aucune atteinte à leurs convictions et à leurs intérêts, ils avaient donné à la politique impériale une bruyante et chaleureuse approbation. Mais dès que l'unité italienne menaça le Saint-Siège, dès que les traités de commerce et les théories de libre échange commencèrent à léser les chefs de la féodalité financière et industrielle, on vit se former dans les Chambres une opposition de droite qui respectait le souverain, mais critiquait avec amertume son gouvernement.

Le clergé, si enthousiaste après le coup d'État, adoptait une attitude nouvelle. Les mandements épiscopaux qui suivirent les écrits éloquents de Mgr Pie, évêque de Poitiers, et de Mgr Dupanloup, évêque d'Orléans, fortifièrent cette impression du clergé et la propagèrent dans les régions mêmes où l'on prenait le moins à cœur les intérêts religieux. Le duc de Broglie a écrit dans sa magistrale étude sur M. Buffet : « Le prestige de l'Empire fut ébranlé dès qu'on avait pu quelque part, et pour un motif quelconque, le regarder en face. Les partis qui s'étaient décidés à la retraite se décidèrent à en sortir... M. Buffet ne se doutait probablement pas que c'était des questions religieuses elles-mêmes que devait naître, contre le pouvoir absolu de l'Empire, la réaction libérale qu'il avait prévue et patiemment attendue ».

En face d'une situation nouvelle, Napoléon III crut que la meilleure tactique était de temporiser, de louvoyer entre les opinions diverses et de diviser pour régner. Il laissa se former dans sa famille et dans son

ministère deux grands partis, une droite et une gauche, auxquels il faisait tour à tour des concessions. A la
tête de la droite était l'Impératrice, à la tête de la gauche le prince Napoléon. Au sein même du Conseil des
ministres, on retrouvait cette antagonisme; à propos de
la question romaine il y avait une droite favorable à
Pie IX, et comprenant le maréchal Randon, le maréchal Vaillant, le comte Walewski; une gauche favorable
à Victor-Emmanuel, et se composant du comte de Persigny, de MM. Thouvenel, Rouher, Fould et Billault. Le
ministre d'Italie à Paris, M. Nigra, écrivait alors au baron Ricasoli, successeur du comte de Cavour : « L'Empereur ne dit rien, et garde toujours entre les deux frac-
tions de son Conseil la contenance que gardait Jupiter
dans l'Olympe entre les divinités amies de Troie ».

Il n'y avait pas plus d'harmonie entre les diplomates
qu'entre les ministres, et la plupart des hommes qui
représentaient l'Empereur à l'étranger étaient les
adversaires de sa politique extérieure, et ne se gênaient
pas pour la critiquer. « C'était le système de Napoléon
III, a écrit M. Albert Sorel, de faire exécuter ses plans
par des hommes qui ne les approuvaient pas. Il eut des
serviteurs capables et dévoués ; il fut cependant un des
princes les plus mal servis, et jamais politique ne fut
plus incertaine et plus contrariée que la sienne ».

Tout en reconnaissant le royaume d'Italie, l'Empereur avait semblé fermement résolu à mettre un frein
aux impatiences concernant la question de Rome, et
avait déclaré qu'il croirait manquer à l'honneur en
abandonnant le Pape, dont il avait pris la défense
depuis douze années. Mais en même temps, le duc de
Gramont ayant échangé, à la fin d'août, le poste de
Rome contre celui de Vienne, il l'avait remplacé
comme ambassadeur auprès de Pie IX, par le marquis
de La Valette, connu par ses sympathies pour les as-

pirations italiennes, et il avait envoyé, comme ministre de France à Turin, un diplomate animé des mêmes
sentiments, M. Benedetti. Ce système de bascule plaisait à un souverain qui aimait à passer pour un sphinx
et dont ses ministres eux-mêmes cherchaient à deviner
es arrière-pensées.

Napoléon III avait pour habitude de jouer au plus
fin même avec ses conseillers intimes. Il prépara secrètement et mystérieusement toutes ses entreprises.
C'est au moment où on le croyait le plus paisible
qu'il méditait les plans les plus hardis et caressait les
rêves les plus aventureux. On aurait pu penser, en
1861, que, se reposant sur ses lauriers de la guerre
d'Italie, et remerciant le ciel de l'avoir soustrait,
comme par miracle, aux dangers et aux complications
qui auraient pu lui rendre l'issue de la lutte si fatale,
il se serait arrêté dans la voie des aventures, et n'aurait pas jeté de nouveaux défis à la fortune. Les circonstances paraissaient favorables à une politique de
prudence et de concorde.

L'Autriche semblait avoir oublié les douloureux
souvenirs de 1859. Les ambitions prussiennes trouvaient un frein dans les principes conservateurs de la
Confédération germanique. L'unité de l'Allemagne
passait pour n'être que l'utopie de quelques professeurs. Un temps d'arrêt se produisait dans les con-
voitises de la maison de Savoie, et l'Angleterre, malgré ses complaisances pour le cabinet de Turin, le
détournait de tout projet téméraire. Depuis la fin de
la guerre de Crimée, ce funeste malentendu, la France
n'avait trouvé de la part du tsar que sympathie et
concours efficace. Napoléon III connaissait person-
nellement presque tous les souverains de l'Europe, et
entretenait avec eux tous des relations courtoises et
amicales. On pouvait donc espérer que les haines hé-

réditaires feraient place à un esprit de solidarité entre les diverses nations, et que, dans le concert européen, le monarque français serait le *leader* de la paix et le conservateur du *statu quo*.

Malheureusement pour lui et pour la France, l'Empereur eut des projets beaucoup plus vastes. Fidèle à son programme des *Idées Napoléoniennes*, adversaire acharné des traités de 1815, adepte du principe des nationalités et des grandes agglomérations, il voulut substituer au droit ancien un droit nouveau, bouleverser toutes les règles de la diplomatie, remanier la carte du monde. Il promettait à l'Autriche de ne plus jamais entrer en lutte avec elle, mais déjà il songeait secrètement à lui faire faire la guerre par l'Italie et par la Prusse, pour affranchir Venise. Artisan de sa propre ruine, il travaillait plus que personne à fortifier la monarchie des Hohenzollern. C'est lui qui, au mois de novembre 1858, avait chargé le marquis Pepoli de dire à Berlin : « En Allemagne, l'Autriche représente le passé, la Prusse représente l'avenir ; en s'enchaînant à l'Autriche, la Prusse se condamne à l'immobilité ; elle ne peut s'en contenter, elle est appelée à une plus haute fortune, elle doit accomplir les grandes destinées qui lui sont réservées et que l'Allemagne attend d'elle ». C'est lui qui prépara de longue main, entre Victor-Emmanuel et Guillaume, l'alliance qui répugnait aux traditions légitimistes du monarque prussien, et sans laquelle ni Sadowa, ni Sedan n'eussent été possibles. Ainsi que le comte Benedetti en a fait la remarque, la Prusse, avant comme après la guerre de 1859, avait invariablement blâmé les entreprises piémontaises. Son ministre des Affaires étrangères, le baron de Schleinitz, avait pris, dans des communications hautaines et blessantes pour la dignité du roi Victor-Emmanuel, la défense des princes dépossédés, et la Prusse fut, de toutes les puissances, la dernière à reconnaître le royaume d'Italie. C'est Napoléon III qui vint à bout des scrupules du souverain prussien, et opéra entre les deux royaumes le rapprochement qui fut la cause première des malheurs de la France.

Ce n'est pas seulement l'Europe, c'est l'Amérique aussi que l'Empereur prétendait transformer. Comme il avait conspiré avec Cavour, à Plombières, en 1858, pour préparer la guerre d'Italie, il conspira, en 1861, avec le général Prim, à Vichy, pour préparer l'expédition du Mexique.

Tous ces projets, a dit M. Albert Sorel, devaient s'enchevêtrer, parce que la main qui tenait les fils les laissait flotter, se mêler, se nouer au hasard, et n'osait ni serrer, ni trancher aucun nœud ». Tant de questions abordées simultanément ne pouvaient recevoir une solution heureuse. M. Thouvenel s'écriera, en 1862 : « C'est vraiment trop à la fois ».

Cependant, comme l'Empereur savait toujours tenir secrètes ses arrière-pensées, la foule ne soupçonna point d'abord les plans téméraires qu'il méditait. On s'imaginait que la campagne du Mexique, faite de concert avec l'Angleterre et l'Espagne, ne serait qu'une courte démonstration, et l'on ne prévoyait pas que les baïonnettes françaises resteraient seules pour appuyer un empire latin fondé à Mexico. On croyait que, pendant la guerre de Sécession, la France garderait une stricte neutralité entre le Nord et le Sud, et s'abstiendrait de froisser les susceptibilités américaines.

On ne voyait en Europe aucun sujet d'inquiétudes graves. On disait que le roi Victor-Emmanuel, n'étant plus soutenu par une armée française, n'oserait pas recommencer la guerre contre l'Autriche, et que le pouvoir temporel du Pape serait sauvegardé. On approuvait Napoléon III de vouloir établir une harmonie complète entre l'Allemagne et la France ; mais l'idée ne venait à personne que, favorisant la Prusse au détriment de l'Autriche, il contribuerait à détruire la Confédération germanique, précieuse garantie pour l'équilibre européen, et à transformer le chef de la monarchie prussienne en empereur d'Allemagne. On savait que le comte de Bismarck, alors ministre de Prusse à *Saint-Pétersbourg*, prenait de l'influence sur son maître. Mais on rappelait que ce diplomate avait souhaité, pendant et après la guerre d'Italie, un rapprochement avec la France, et l'on croyait que ses conseils n'avaient peut-être pas été étrangers à la visite amicale faite par Guillaume Ier à Compiègne, avant son couronnement à Kœnigsberg. Cet acte de courtoisie avait produit un bon effet, et l'on était flatté de la pensée que les deux grandes puissances allemandes se disputaient les bonnes grâces de Napoléon III, considéré comme un arbitre dans toutes les grandes questions diplomatiques. Enfin, personne n'aurait prévu que le moment approchait où l'Empereur, commettant une des plus lourdes fautes de son règne, renoncerait à l'alliance russe, cette alliance rationnelle et vraiment nationale, à laquelle il devait tous ses récents succès, et dont l'abandon allait être le signal de désastres irréparables.

Quelques esprits moroses, mais plus perspicaces que les autres, annonçaient des catastrophes prochaines ; mais leur pessimisme n'était pas d'accord avec le sentiment des masses. L'Empereur avait été, depuis son avènement, si bien traité par la fortune, il avait toujours eu de si belles cartes dans son jeu, que presque tout le monde, comme lui-même, continuait à croire à son étoile.

Malgré tout, l'optimisme était donc la note domi-

nante. On espérait que l'Empereur finirait par revenir à son programme de Bordeaux : *L'Empire, c'est la
paix*, qu'il emploierait son activité à mettre en œuvre les prodigieuses resources dont disposait la France, et à faire prévaloir contre des entraînements irré-
fléchis une politique de progrès et de civilisation. Il
avait solennellement promis le couronnement de l'é-
difice par la liberté s'unissant à la gloire. On lui savait gré de préparer spontanément, par des concessions
graduées, un régime qui devait, croyait-on, consolider
sa dynastie.

Malgré les prédictions contraires et toutes les objec-
tions de la routine, la prospérité du pays ne se trouvait nullement compromise par les premiers essais des
théories du libre échange. Jamais la France n'avait été
si riche, et jamais elle n'avait été si bien administrée.

Les conditions de l'existence étaient pour les paysans et pour les ouvriers meilleures qu'à aucune autre
époque. Aussi n'y avait-il dans le pays aucun mécon-
tentement sérieux.

La majorité des Français s'était facilement habituée
à un régime qui était une monarchie, mais une monarchie démocratique, à des institutions qui reposaient
sur les plébiscites et le suffrage universel, à une cour
somptueuse, mais sans hiérarchie aristocratique, sans
tabourets pour les duchesses, sans trace des anciens
privilèges. Napoléon III ne favorisa jamais une classe
de la société au détriment des autres. S'il avait eu des
préférences, elles eussent été pour le prolétariat. Il
aimait les humbles, les petits, ceux qui souffrent, ceux
qui travaillent. Améliorer le sort moral et matériel du
plus grand nombre était sa plus constante pensée. C'est
ce qui lui fera pardonner ses erreurs et ses fautes.

L'Empereur était encore, en 1861, un souverain populaire, et la France une nation satisfaite. Facile à

gouverner, tant qu'elle a des jouissances d'amour-propre, elle se croyait être la première des nations. Avec
une armée invincible, comme l'armée de Crimée et
d'Italie, de Syrie et de Chine, elle se jugeait invulné-
rable. Paris, dont les embellissements étaient à peu près
terminés, se complaisait dans son élégance et son luxe.
Les visites de plus en plus fréquentes que lui faisaient les
souverains et les princes étrangers flattaient la grande
ville dans sa vanité.

L'Empereur n'eut rien à craindre tant que ses sujets furent persuadés qu'il n'y avait dans le monde
aucune influence supérieure à la sienne. Les grandes
difficultés ne commenceront pour lui qu'après Sadowa, lorsque le peuple français craindra de ne pas
être le plus puissant de l'Europe. A une race aussi
fière et aussi susceptible, le bonheur n'est possible
qu'avec le succès. Napoléon détrôné l'a dit : « En France il ne faut pas être malheureux ».-Lorsque l'Empereur était encore heureux, il avait des amis et des
partisans innombrables.

FIN

TABLE DES MATIÈRES